QUEL BONHEUR D'ÊTRE UNE MÈRE HEUREUSE !

ANNIE CARPENTIER

Quel bonheur d'être une mère heureuse !

QUEBECOR

Œuvrant en hôtellerie, Annie Carpentier a dû repenser sa carrière suite à la surprise d'une deuxième grossesse en deux ans. La fatigue et la pression qu'elle s'imposait ont vite eu raison d'elle. Elle a dû réapprendre à être heureuse. Après un cheminement personnel, elle a découvert où se trouvait son bonheur. Plus elle se sentait heureuse, plus elle avait envie de partager son bonheur avec les autres. En 2009, elle a eu l'idée de créer « Quel Bonheur ! ». Cette nouvelle carrière lui permet d'utiliser ses expériences et ses talents pour faire une différence dans la vie des autres.

ISBN : 978-2-253-13193-9 – 1re publication LGF

Je dédie ce livre à ma grand-maman Simonne,
qui a toujours été pour moi un merveilleux
exemple de femme.

Après avoir élevé une famille de huit enfants dans une ferme et accompagné un mari malade, tout en restant ma grand-maman parfaite, elle a poursuivi la réalisation de nombreux objectifs dont la plupart des femmes de sa génération n'ont même pas osé rêver.

REMERCIEMENTS

Merci à ma mère, à mes tantes, à mes copines et à toutes les autres mères merveilleuses qui ont partagé avec beaucoup de générosité leurs expériences avec moi.

Merci à mes grandes amies qui savent toujours m'encourager et me faire sentir capable de tout.

Merci à Isabelle, ma cousine championne du français qui n'a pas hésité à m'aider dans mon beau et grand défi.

Merci à Pierre-Luc Poulin, qui a su me guider et me soutenir dans ce beau projet.

Merci à Christine Michaud, qui est pour moi un magnifique modèle de femme. Depuis notre première rencontre, son influence positive sur moi ne cesse d'augmenter.

Merci à Ray Vincent, qui m'a inspirée, appris de grands principes de vie et surtout ouvert les yeux sur le magnifique avenir que je peux choisir d'avoir.

Un dernier merci, tout particulièrement à Steve, à Justin et à Alex, les trois hommes de ma vie, sans qui je n'aurais aucune expérience de maman. Merci pour votre amour, je vous aime aussi de tout mon cœur !

Avertissement

Premièrement, ce livre risque de changer votre vie ! C'est un outil qui peut vous aider à trouver ce dont vous avez besoin pour être encore plus heureuse. Il vous encouragera à trouver des solutions pour assumer chacun de vos rôles et chacune de vos responsabilités de manière équilibrée et harmonieuse pour vous.

Deuxièmement, rien n'est magique. Pour découvrir le style de vie qui vous rendra heureuse, vous devrez faire des efforts et vous questionner. Vous devrez donc travailler et faire le nécessaire pour améliorer votre vie afin qu'elle vous convienne vraiment.

Si vos actes ont contribué à rendre meilleure ne serait-ce qu'une seule autre vie, vous pouvez vous dire que votre vie aura été un succès.

Troisièmement, si vous vous sentez comblée et privilégiée par l'existence, si vous avez déjà trouvé votre propre recette du bonheur, lisez quand même ce livre. Il vous fera du bien et, qui sait, vous y trouverez peut-être de nouvelles idées pour être encore plus satisfaite.

Quatrièmement, je ne suis pas psychologue, spécialiste de l'éducation des enfants ou de la gestion du temps. Mon livre ne contient pas de grandes théories étayée par des études approfondies. Je suis simplement une mère de famille qui partage son expérience et celle de dizaines d'autres mères qui ont partagé la leur avec moi.

Cinquièmement, je ne suis pas parfaite. Moi aussi, j'ai mes difficultés, mes défauts, mes peines et mes deuils. J'ai fait des erreurs dans ma vie et j'en ferai certainement d'autres. Mes enfants ne sont pas des enfants modèles et, parfois, mon mari ne me comprend pas. Ma maison n'est pas impeccable tous les jours et, sans maquillage, j'ai l'air d'une folle. Je n'applique pas toujours toutes les idées dont je vous parle dans ce livre. Je fais simplement de mon mieux tous les jours. Et vous savez quoi ? Ce n'est pas grave ! Parce que je mène la vie qui me plaît et qui convient à ma famille.

Ma vie est pleine de mes propres petits et grands bonheurs. Bref, je suis heureuse. J'espère transmettre ce goût pour le bonheur à toutes les mamans qui oublient parfois de prendre le temps de vivre et d'être heureuses.

Bonne lecture[1] !

---

1. Toutes les citations que vous trouverez dispersées dans ce livre proviennent des livres de David Baird *Mille chemins vers le bonheur*, *Mille chemins vers l'éveil*, *Mille chemins vers la sagesse*, *Mille chemins vers l'optimisme* et *Mille chemins vers l'amour*, parus entre 2001 et 2003 aux Éditions Albin Michel (Paris).
Les noms et certains détails des histoires, anecdotes et trucs ont été changés pour ne pas qu'on ne puisse pas reconnaître les personnes dont il est question.

Introduction

Il est 9 h 15, vous arrivez au bureau. Enfin, vous aurez la journée pour vous remettre de votre routine du matin, particulièrement laborieuse aujourd'hui !

Vous avez eu toutes les difficultés à sortir du lit. Le rendez-vous de ce matin vous tracassait et vous a gardée éveillée une partie de la nuit. Vous avez eu tout autant de mal à faire lever les enfants. Après avoir préparé les casse-croûte, il n'y avait plus de pain pour le petit déjeuner et les céréales bonnes pour la santé n'ont pas fait l'unanimité chez les enfants. Vous avez dû changer le plus jeune deux fois, et le jus de raisin, ça tache... Vous avez dû à nouveau conduire le plus âgé à l'école parce qu'il a manqué l'autobus. À la garderie, vous êtes tombée sur cette mère exaspérante qui s'est plainte à vous de la pluie et du beau temps pendant 15 minutes. Vous êtes ensuite restée bloquée sur le boulevard à cause de ces travaux qui ne sont toujours pas terminés.

Vous n'osez pas encore penser au soir. Vous n'avez aucune idée de ce que vous servirez pour le dîner, l'aîné a un entraînement de hockey, la cadette a ses cours de violon, vous devez assister à une réunion du comité de parents et préparer des biscuits sans allergènes pour la petite fête de demain. Vous réalisez tout à coup qu'avec tout ça vous n'avez même pas dit « je t'aime » à votre mari ni embrassé vos enfants ce matin en les quittant.

J'espère bien ne pas avoir décrit ici votre vrai quotidien. Mais je suis presque convaincue que certains jours peuvent beaucoup y ressembler. Si vous êtes comme bien des femmes que j'ai rencontrées, à certains moments vous ne contrôlez plus ce flot continu de responsabilités, d'attentes des autres, d'imprévus et de problèmes à régler qui vous tombent dessus. C'est dans ces moments-là que vous vous dites des choses comme : « Est-ce que c'est ça que je voulais quand j'ai choisi d'avoir des enfants ? Est-ce que c'est ça la vie ? Comment concilier famille et travail ? J'ai tellement hâte d'être à la retraite ! »

Votre quotidien n'est peut-être pas aussi chargé que celui que je viens de décrire. Il se peut que toutes vos responsabilités soient assumées à la maison comme au travail. En fait, vous êtes peut-être une experte de l'organisation et tout est prévu pour ne pas manquer de temps. Si bien que vous avez parfois l'impression d'être un robot. Vous faites ce qu'il y a à faire, ce qu'il faut faire et ce qui doit être fait. Vous ne faites cependant rien pour vous. Vous ressentez ce vide à l'intérieur, avec l'impression que votre vie n'est que la répétition continuelle des mêmes tâches et des mêmes responsabilités.

Vous essayez ensuite de vous réconforter et de vous rassurer en vous disant que vous n'êtes pas la seule. Vous vous répétez que bien d'autres sont passées par là avant vous, que c'est la vie et qu'on ne peut rien y faire. En même temps, vous voyez le nombre de dépressions et d'épuisements professionnels augmenter autour de vous. Dans votre entourage, de plus en plus de couples se séparent. Vous entendez dire qu'une telle est cocue, qu'une autre boit trop, qu'une autre encore prend des cachets... Pas de quoi vous tranquiliser.

Eh bien, je vous rassure tout de suite. Je vous confirme qu'il est possible de vivre la vie équilibrée et heureuse dont vous rêvez. Il est possible pour vous d'être épanouie et satisfaite. Il est possible de ne pas vous perdre entre vos responsabilités et les attentes des autres. Il est possible d'apprendre à gérer vos priorités.

Je suis la preuve vivante que l'équilibre et le bonheur au quotidien sont possibles. Je souhaite vous aider à créer votre propre bonheur, celui qui vous rendra heureuse. Je partage ici avec vous mes outils pour entretenir le bonheur et aussi ceux de dizaines de femmes. Je n'impose rien à personne, je ne fais que suggérer. De toute façon, il n'y a pas qu'une seule manière d'être heureuse. Chaque femme qui lira ce livre pourra choisir les trucs et les solutions qui lui plaisent.

Pour réussir à atteindre votre vie idéale et votre bien-être, vous devrez être prête à passer par certaines étapes essentielles. Vous devrez vous poser des questions, réfléchir à des choses auxquelles vous n'avez peut-être jamais pensé. Vous devrez être honnête avec vous-même et chercher au fond de vous vos propres réponses. Vous allez peut-être avoir à discuter avec votre conjoint et d'autres proches de certains sujets difficiles à aborder. Vous devrez prendre des décisions et faire des choix en fonction de toutes ces réflexions. Et puis, une fois vos priorités bien établies, vous devrez passer à l'action.

Lorsque vous aurez fait le choix d'être heureuse et décidé de vous donner les moyens d'y arriver, l'étape la plus importante du processus sera déjà accomplie.

PREMIÈRE PARTIE

Les attitudes du bonheur

Dans cette première partie, je vous parle de la responsabilité et de l'influence que nous avons toutes sur le déroulement de notre existence. Je vous explique aussi le pouvoir que nous possédons d'obtenir ce que nous voulons dans notre vie.

Chapitre 1

Faire le choix d'être heureuse

Le bonheur ne coûte rien et pourtant il n'a pas de prix.

La personne la plus importante dans notre vie

La seule histoire d'amour qui durera toujours sera la vôtre quand vous aurez appris à vous aimer.

Quand nous pensons à la personne la plus importante pour nous, nous évoquons souvent notre amoureux, nos enfants, un parent ou notre meilleure amie. C'est très rare que spontanément nous répondions : « Je suis la personne la plus importante pour moi. »

Personne mieux que vous ne sait être vous.

Pourtant, ce serait très logique et évident que nous répondions toutes que nous sommes la personne la plus importante dans notre vie ; ne passons-nous pas toute notre existence avec nous-même ? Personne d'autre ne partagera les mêmes joies et les mêmes peines que nous. Personne d'autre ne vivra les mêmes réussites et les mêmes échecs. Personne d'autre ne mènera la même vie que nous. Malgré les plus belles complicités que nous pouvons avoir avec d'autres personnes, nous devrons quand même vivre cette inévitable relation avec nous-même.

Comme nous n'avons d'autre choix que de vivre chaque instant en notre compagnie pour le reste de nos jours, autant rendre l'aventure agréable. Pour être bien avec soi-même sur la durée, il faut se considérer comme la personne la plus importante de notre vie. La personne la plus importante de notre vie, c'est celle qu'on aime et qu'on respecte le plus. Il est donc nécessaire de s'aimer et de se respecter.

Pour y arriver, il faut d'abord s'accepter. S'accepter telle qu'on est aujourd'hui. Vous n'êtes pas celle que vous étiez il y a dix ans. Vous n'êtes pas non plus celle que vous serez dans cinq ans ! Acceptez celle que vous êtes devenue. Acceptez d'avoir des défauts déplaisants, mais aussi de magnifiques qualités. Acceptez vos erreurs, mais aussi vos choix judicieux. Acceptez vos échecs, mais aussi vos grands succès. Acceptez vos malheurs, mais aussi vos chances inouïes.

Ne vous jugez pas au premier abord en ne tenant compte que de vos imperfections et de vos déceptions passées. Considérez également tout le positif et le bon qui est en vous ; rien ni personne n'est que mauvais. Il y a toujours une partie de nous que nous aimons moins et que nous essayons d'ignorer. Il faut plutôt l'accepter et chercher à la comprendre. Toute notre vie, des événements et des expériences ont contribué à créer la personne que nous sommes maintenant. S'accepter malgré un passé pas si reluisant ne signifie pas qu'on ne regrette rien. Cela témoigne plutôt que nous tentons de saisir les éléments qui nous ont motivée et que nous respectons la personne que nous sommes maintenant. Si vous vous res-

Si vous réussissez à vous pardonner vos erreurs, vous trouverez le vrai bonheur.

pectez, vous saurez respecter les autres et ceux-ci vous respecter également. Si vous vous aimez, vous saur aimer les autres et ceux-ci sauront vous aimer à leur tour.

On entend souvent dire qu'il faut entretenir nos amitiés et la flamme de notre amour si nous ne voulons pas qu'elles s'éteignent. Eh bien, entretenir l'amour envers soi-même est tout aussi important. Cela nous aide à nous accepter et à nous apprécier davantage. De plus, c'est un moyen d'augmenter notre estime et notre confiance personnelles, et cela contribue à notre bien-être général.

Avant de poursuivre votre lecture, je vous suggère d'essayer quelques-unes des activités suivantes. Ce sont des trucs pour vous aider à « tomber amoureuse » de vous-même, ou simplement pour entretenir de bonnes relations avec votre propre personne. Voici donc quelques « Trucs de mamans » et « Réflexions écrites ».

Trucs de mamans

Se complimenter

Lancez-vous des fleurs, faites-vous des compliments et adressez-vous les félicitations que vous méritez. Inspirez-vous des exemples suivants.

- Avant de quitter la maison pour le travail ou une sortie, dites-vous que vous êtes belle.
- Quand vous faites une bonne action, dites-vous que c'était gentil de votre part.
- Quand vous avez terminé une tâche ou accompli un travail, félicitez-vous.
- Après avoir dégusté le repas que vous avez préparé, dites-vous que c'était bon.

Trouvez encore plus de façons de vous valoriser au quotidien.

Se trouver belle

Nous ne sommes pas des mannequins-vedettes, alors ne nous mettons pas de pression. Qu'est-ce qui est irrésistible chez vous ? Votre petit nez, vos grands yeux, vos lèvres gourmandes ou délicates, vos épaules bien définies, votre chevelure brillante, votre décolleté séduisant ?

Se trouver bonne

Personne n'a tous les talents. Qu'est-ce que vous faites particulièrement bien ? Dans quelle activité êtes-vous la meilleure ? Votre délicieux gâteau des anges, votre interprétation sensible de l'opéra *Carmen*, votre grande endurance à la course à pied, etc. ?

Demander une rétroaction

Demandez à quelqu'un en qui vous avez confiance et qui vous aime pourquoi il vous aime. (Attention, il est préférable d'aviser à l'avance la personne choisie pour qu'elle puisse y réfléchir et ne soit pas prise au dépourvu.)

Ne pas se comparer

Il y aura toujours des personnes mieux et pires que vous. Les autres ne sont pas une référence. Soyez votre propre référence.

Réflexions écrites

Votre vraie valeur

- Faites la liste de vos dix plus belles qualités et de vos talents.
- Faites la liste des dix choses qui vous passionnent.
- Faites la liste de vos dix plus beaux accomplissements et succès.
- Faites la liste de vos dix plus grands rêves.

Relisez ces listes régulièrement et ajoutez-y des éléments au fil du temps.

Choisir notre attitude

Les gens heureux posent un regard différent sur les choses.

Si vous avez joué le jeu et fait les petites activités de la section précédente, vous éprouvez probablement un certain sentiment de fierté ou d'assurance. Vous vous tenez peut-être la tête plus haute et le dos droit. Une chose est sûre, si vous avez bien fait les exercices, vous vous sentez différente, à présent. Eh bien, vous expérimentez un léger avant-goût du pouvoir de votre attitude. Vous découvrirez ici que votre attitude est une de vos alliées principales dans votre poursuite du bonheur.

> Le bonheur, ce n'est pas de blâmer les autres pour vos échecs. Soyez responsable de vos actions et de vos sentiments.

Nous avons toutes une réelle influence sur ce qui nous arrive. Nous jouons toutes un rôle très actif sur les tournants que prennent nos vies. Certaines croient au destin, mais une fois que celui-ci se présente, c'est à elles de choisir quoi en faire. La façon dont nous réagissons à une situation donnée et nos actes affecteront nécessairement la suite des événements. Nous vivons aujourd'hui la vie que nous avons créée hier. Afin de bien illustrer ce propos, voici quelques petites histoires qui vous aideront à comprendre comment nous créons nous-mêmes notre futur.

Petit salaire

Josée est actuellement très frustrée ; elle est jalouse de ses copines qui ont des carrières qui leur assurent des revenus substantiels. Celles-ci ont les moyens de s'offrir les plus beaux vêtements et de sortir dans les meilleurs restaurants. Malgré le fait que ses amies n'aient pas changé depuis le temps où elles étaient toutes étudiantes, Josée ne se sent plus à la hauteur. Elle souffre d'un sentiment d'infériorité et envie ses copines parce qu'elle ne dispose pas des mêmes moyens financiers qu'elles.

Josée a fait le choix d'abandonner ses études à l'âge de 18 ans parce qu'elle trouvait plus intéressant de travailler comme serveuse à temps plein. Elle préférait sortir tard le soir plutôt que d'étudier et de poursuivre ses études en droit. À l'époque, elle vivait la belle vie. Son salaire subvenait très bien à ses besoins de jeune femme célibataire qui vivait au goût du jour et s'habillait dans les plus belles boutiques. Aujourd'hui toutefois, avec ses obligations de mère de famille, les grandes sorties et les luxes vestimentaires sont plutôt rares. Josée envie le style de vie qu'elle aurait pu avoir elle aussi si elle avait donné la priorité à ses études dans le passé.

Le bébé chien

Les enfants de Martine et de Pierre voulaient un chien. Finalement, après des demandes répétées, les parents accédèrent à leur requête. Comme ni l'un ni l'autre n'avait eu de chien dans le passé, ils avaient convenu de prendre des cours de dressage. Par manque de temps, cette formation importante fut négligée. Le mignon petit chiot devint vite un chien hors de contrôle. Il fit pipi sur tous les tapis de la maison, goûta à tous les souliers laissés dans le hall d'entrée et s'attaqua même au fauteuil en cuir du salon. En revenant du travail, Martine et Pierre ne savaient jamais à quelle mauvaise surprise s'attendre. Ils songèrent à se débarrasser du chien, mais comme les enfants s'y étaient beaucoup attachés, cela risquait de créer un conflit familial.

Un mari qui part

Gisèle et son amoureux vivaient le parfait bonheur quand ils décidèrent de fonder une famille. Gisèle s'investit à fond dans son nouveau rôle de mère, ne laissant pas beaucoup d'espace à son conjoint. Une deuxième grossesse ne se fit pas attendre, et cette fois ce furent des jumeaux. Gisèle devint vite débordée avec sa petite famille et son travail. Elle ne donnait plus autant la priorité à sa vie de couple que dans le passé. Elle était de plus en plus dépassée, mais s'entêtait à s'occuper de tout sans impliquer son conjoint. Elle lui consacrait d'ailleurs de moins en moins de temps. Les soirées romantiques et les moments d'intimité se faisaient de plus en plus rares. Gisèle remarqua les absences plus longues et plus nombreuses de son conjoint, mais préféra les ignorer pour ne pas engendrer de discussions pénibles. Un jour, il lui annonça qu'il ne l'aimait plus et qu'il la quittait.

Vous voyez ce que je veux dire par « Nous créons nous-même notre futur » ? En abandonnant ses études et en ne faisant pas d'économies pour l'avenir, Josée a créé la situation dans laquelle elle se trouve maintenant. Ses décisions passées ont une influence sur les circonstances présentes. Martine et Pierre, en négligeant les cours de dressage, ont contribué au fait que leur chien est en train de détruire leur maison. Pour Gisèle, c'est plus subtil parce que sa situation implique aussi une autre personne. Cela dit, elle a quand même une grande

Ne gaspillez pas d'énergie dans les émotions négatives.

part de responsabilité dans le fait que son mari se soit senti délaissé et qu'il ait choisi de la quitter.

Les choix que nous faisons, les attitudes que nous adoptons et les actions que nous effectuons ou n'effectuons pas ont un effet direct sur la suite des événements de notre vie. Par nos choix, nous créons notre avenir. Peu importent les circonstances dans lesquelles nous nous trouvons, nous avons un pouvoir sur notre vie future.

Vous pensez peut-être que cela n'est pas toujours vrai, que dans la vie plusieurs situations nous sont imposées. Vous vous dites qu'il arrive que nos agissements n'aient eu aucune influence sur les événements, que nous sommes parfois la victime des choix d'une autre personne ou simplement de la malchance. Par exemple, si on est victime d'un acte criminel ou d'un accident, si on est licencié, si on perd un être cher, il peut arriver que nous n'ayons pas nécessairement provoqué la situation.

Vous avez tout à fait raison. Certains incidents se produisent, tout simplement. Il existe certaines situations que nous ne pouvons pas contrôler. On peut dire que c'est le coup du destin et que les épreuves font partie de la vie. Néanmoins, à la suite d'une épreuve, notre liberté existe toujours. Nous avons toutes le grand privilège de pouvoir choisir la façon dont nous voulons réagir à un événement. Nous avons la possibilité de choisir notre attitude ainsi que nos actes. Peu importe ce qui nous arrive, nous pouvons toujours influencer la suite des choses. Notre réaction et notre attitude devant un événement passé font que notre présent est ce qu'il est.

Encore une fois, voici quelques histoires simples qui vous permettront de comprendre comment il est possible d'agir le dénouement d'un événement malheureux.

Annonce de licenciements

Roxane et Judith travaillaient pour la même entreprise depuis la fin de leurs études. Pour ces deux mères célibataires ayant deux enfants chacune, les rumeurs de réductions budgétaires massives dans leur service n'étaient pas une très bonne nouvelle.

Roxane fut très ébranlée par tous ces ouï-dire. Elle passait ses journées à essayer de savoir quand les licenciements auraient lieu, qui serait congédié, combien d'argent les personnes remerciées pourraient toucher, etc. Elle disait ne pas vouloir travailler ailleurs, que ce serait trop difficile de s'adapter. Elle fut licenciée en même temps que 318 autres personnes, désormais à la recherche du même emploi qu'elle.

Judith, elle, vit ici une occasion à saisir, le petit coup de pouce dont elle avait besoin pour faire avancer sa carrière. Avant même de savoir si les rumeurs étaient fondées, elle commença à chercher un nouvel emploi. Elle ne trouva pas tout de suite, mais tant qu'il n'y avait pas de licenciement, cela n'était pas un problème. Elle fut engagée par une entreprise dynamique trois semaines avant l'annonce officielle du plan social. Elle gagne maintenant presque une fois et demie le salaire qu'elle touchait avant.

Sur la route il y aura des épines, mais si vous regardez plus haut vous verrez des roses.

Décès d'un père

Sophie et Myriam ont toujours été très proches de leur père. Quand elles ont appris sa grave maladie, elles ont toutes les deux été sous le choc. Elles ont été encore plus bouleversées d'apprendre son décès, seulement quelques semaines après le diagnostic.

Cinq ans après la mort de son père, Sophie est encore très en colère d'avoir perdu un être si précieux à ses yeux. Même si elle n'aurait rien pu faire pour le sauver, elle ressent toujours des sentiments de culpabilité et d'impuissance immenses. Quoiqu'elle ait passé du bon temps avec son père tout au long de sa vie, elle ne pense qu'à ses derniers moments où il était très maigre, affaibli et confus.

Myriam, quant à elle, est beaucoup plus sereine et se sent soulagée de savoir que son père n'a pas souffert trop longtemps. Elle se remémore souvent avec plaisir les beaux souvenirs qu'elle a de lui. Cela la rassure même que son ange gardien, comme elle l'appelle maintenant, soit toujours avec elle et qu'elle puisse lui parler à tout moment.

Vous avez certainement remarqué la différence d'attitude de Judith et de Myriam par rapport à celle de Roxane et de Sophie. Judith a interprété les menaces de réductions budgétaires comme un encouragement à se trouver un meilleur emploi et à améliorer sa situation sur le marché du travail. Quant à Myriam, elle a maintenant un ange gardien qui veille sur elle. Leur façon plus positive que les autres de voir les circonstances auxquelles elles ont dû faire face leur a permis d'influencer le cours des choses de façon tout aussi positive. Les événements qui sont arrivés n'ont pas déterminé leur existence. Ce sont elles qui ont pris le contrôle en choisissant leurs réponses à ces événements.

Souvent, lorsque nous avons été blessées, nous voulons que la personne qui nous a fait du mal et qui est à l'origine de notre douleur souffre autant que nous. Nous sommes en colère et furieuses de ce que nous avons subi, et nous sommes habitées par une envie de vengeance. Il est tout à fait normal de réagir fortement à certaines situations. Il est très humain d'agir ainsi en raison de notre souffrance. Toutefois, alimenter indéfiniment notre colère, notre douleur et notre peine n'est pas la manière la plus efficace pour se remettre.

Être heureuse et positive ne signifie pas que vous ne serez plus déçue, que vous ne serez plus triste et que vous ne pleurerez plus jamais. Être heureuse et positive consiste, entre autres, à ne pas alimenter sa peine et à ne pas entretenir les émotions négatives. Un malheur est ce qu'il est. Pourtant, ce sont les pensées négatives qu'on entretient relativement à une situation qui nous causent le plus de tort. Ce sont elles qui nuisent souvent beaucoup plus à notre bonheur que l'objet initial de notre malheur. L'intensité de nos souffrances est généralement tout aussi grande que l'importance qu'on leur donne. Alors, alimenter la haine, l'amertume, la tristesse, la solitude, etc., ne peut pas nous aider à aller mieux et à être heureuse.

L'optimisme, c'est la capacité de voir le mal seulement là où il est.

Je suis certaine que vous saisissez mieux maintenant le genre de contrôle que vous exercez sur votre vie. Nous créons nos propres émotions à partir de la signification et de l'interprétation que nous donnons aux événements que nous vivons. En nous plaignant et en nous percevant comme une victime, nous exerçons un pouvoir destructeur sur nous-même. En modifiant le sens que nous attribuons à tel ou tel événement, nous modifions aussi les émotions que nous ressentons, et par là même notre attitude et nos actions.

Cette idée est vraie pour des événements graves de la vie, mais tout autant pour le quotidien. J'ai travaillé plusieurs années dans une entreprise hôtelière où il n'existait pas de « problèmes ». Ce mot était banni du vocabulaire de tout le personnel. On utilisait plutôt le mot « défis ». Croyez-moi, cette simple distinction dans l'utilisation des termes fait une énorme différence dans l'attitude. Vous serez d'accord avec moi pour dire qu'il est bien plus motivant et stimulant de relever un défi que de résoudre un problème difficile. Devant une clientèle extrêmement exigeante aux besoins très particuliers, cet établissement pouvait compter sur des employés heureux et motivés par l'envie de relever des défis.

C'est votre attitude qui influence vos actions. Une attitude positive engendrera des actes positifs de votre part. À l'inverse, une attitude négative vous poussera à agir négativement. Cela se passe même si vous n'en êtes pas consciente. Vous pouvez donc influencer négativement le cours de votre existence sans même vous en rendre compte. Alors, maintenant que vous connaissez la puissance de cette force qui vous est propre, pourquoi ne pas l'utiliser à votre avantage de façon positive ? Adoptez l'attitude du bonheur. Soyez positive !

Même si on sait que c'est la chose à faire, il n'est pas toujours facile d'adopter et surtout de conserver une attitude positive. Voici quelques « Trucs de mamans » pour développer votre attitude positive.

Trucs de mamans

Bien commencer sa journée

La journée se passe souvent comme elle a commencé. Démarrez votre journée du bon pied et de bonne humeur.

n vous levant que vous passerez une bonne journée.

Être positive au quotidien

Souriez et dites « Bonjour ! » aux gens que vous rencontrez. Vous verrez que votre attitude positive trouvera un écho chez la plupart de ceux que vous croiserez.

S'entourer de positif

Accrochez dans votre environnement des images que vous aimez. Affichez sur le frigo ou dans votre bureau des photos de vous, de vos enfants et d'êtres chers en train de rire ; installez des tableaux de paysages qui vous plaisent, des dessins de vos enfants, des images comiques ; collez de petites pensées positives dans votre voiture ou dans votre portefeuille.

Se changer les idées

Si vous vous faites surprendre par des pensées négatives et tristes, changez-vous les idées pour reprendre une attitude positive. Chantez, fredonnez, pensez à vos enfants qui rient.

Ça pourrait être pire

Face à un événement négatif ou à une déception, dites-vous : « Ça pourrait être pire. »

Vous vous êtes cassé le bras, mais vous pouvez quand même marcher ; votre baby-sitter n'est pas disponible, vous passerez donc une belle soirée avec vos enfants ; votre augmentation de salaire n'a pas été acceptée, mais vous avez toujours un emploi.

Vider son sac

Défoulez-vous en écrivant ce que vous avez sur le cœur. Ensuite, déchirez le papier et efforcez-vous d'être positive. Vous pouvez aussi demander à une personne de confiance de vous écouter vous défouler pendant 15 minutes, mais pas plus : on passe au positif tout de suite après la séance de défoulement.

Bien terminer sa journée

Avant d'aller dormir, faites le bilan de la journée qui se termine. Félicitez-vous des moments où vous avez été positive. Pour ceux où vous avez été moins bien, rejouez dans votre tête la même scène, mais de la manière dont vous auriez voulu qu'elle se passe.

Décider d'être heureuse

Décidez d'être heureuse et vous aurez parcouru la moitié du chemin.

Contrairement à la croyance populaire, le bonheur n'est pas quelque chose qui tombe du ciel. On ne se lève pas un beau matin en recevant un gros bonheur et en se disant : « Enfin, mon bonheur est arrivé, je serai heureuse maintenant ! » Le bonheur n'est pas non plus distribué parmi nous aléatoirement. Ce ne sont pas nécessairement les plus chanceuses qui en reçoivent le plus. En fait, celles qui en ont le plus sont celles qui ont décidé d'en avoir beaucoup. Je suis convaincue qu'il faut effectivement décider d'être heureuse, consciemment ou pas, pour l'être.

Décider d'être heureuse, cela semble être une toute petite décision simple et facile à prendre. Nous voulons toutes être heureuses. Pourquoi alors certaines femmes ne prennent-elles jamais la décision de l'être ? Quels sont donc les facteurs qui influencent la vie de ces femmes au point qu'elles passent à côté de leur bonheur ? Qu'est-ce qui les empêche de prendre la décision d'être heureuses ? Chacune a ses propres excuses pour ne pas vivre la vie qu'elle souhaite vraiment. Il y a un nombre infini de prétextes pour expliquer la situation, telles que le travail, la routine, la fierté, le déni, les pressions sociales, les expériences passées, les autres, les besoins, les attentes, etc.

Décidez de laisser venir le bonheur.

Il est aussi fort possible que plusieurs n'y aient tout simplement jamais pensé. Leur intérêt envers leur propre bonheur n'a pas été éveillé. Elles vivent leur vie sans se poser de questions, un jour à la fois, en se laissant porter par les événements du quotidien. Certaines risquent même de passer toute leur existence sans se demander si elles sont heureuses.

Et vous, avez-vous déjà pris la décision d'être heureuse dans le passé? Sinon, prenez quelques minutes pour réfléchir et demandez-vous pourquoi. Qu'est-ce qui vous empêche de prendre cette décision importante? Trouvez les raisons qui font que vous négligez votre propre bonheur. Soyez honnête avec vous-même. Ne vous contentez pas de trouver une explication acceptable. Trouvez ce quelque chose qui fait que vous n'avez jamais pris la décision d'être heureuse. Examinez-vous à la loupe et découvrez vos barrières.

Voici quelques pistes pour vous aider à réfléchir.

Je pense être déjà assez heureuse.	J'aurais besoin de plus d'argent.
J'ai tellement souffert.	Je ne le mérite pas.
Ce n'est pas si facile.	Je ne m'aime pas assez.
Il est trop tard.	Je n'y crois pas.
Ma carrière est ma priorité.	Ma famille passe avant tout.
Je n'ai pas le temps.	Je ne peux pas changer.
J'ai peur de l'inconnu.	Je ne peux pas faire mieux.
Je ne suis pas capable.	Je n'y ai jamais pensé.
Je serai heureuse à ma retraite.	Je me sentirais coupable.
Mon éducation ne me le permet pas.	Je dois prendre soin de mon mari.

Je dois aider mon entourage.
Mon patron est très exigeant.
Je suis trop paresseuse.
Je suis victime de ce qui m'arrive.
Je suis trop vieille.
Ma mère n'a pas vécu comme ça.
Je ne veux pas faire les efforts nécessaires.
Je n'ai pas été éduquée à être heureuse.

Analysez maintenant votre réponse comme si c'était la réponse de votre enfant. Faites comme si ce petit être que vous aimez de tout votre cœur vous annonçait qu'il renonçait au bonheur pour toujours. Demandez-vous si l'explication qu'il vous fournit représente un motif raisonnable pour qu'il ne veuille pas prendre la décision d'être heureux.

Comme vous aimez énormément votre enfant, vous souhaitez sans aucun doute qu'il soit heureux. Donc, il est fort probable qu'aucune raison à vos yeux ne justifie à vos yeux le fait de mettre son bonheur de côté. Vous vous efforceriez sûrement de lui faire voir les choses d'un autre œil. Vous essaieriez de lui démontrer le bien que lui apporterait son bonheur, pour lui bien sûr, mais aussi pour tout son entourage. Vous auriez bien raison de tout faire pour convaincre votre enfant d'être heureux. Ce serait le plus beau cadeau à lui offrir et il vous en serait certainement très reconnaissant ensuite.

Ne laissez pas la peur vous empêcher de faire ce que vous désirez.

Alors, comprenez-vous maintenant que cette même réponse n'est pas valable pour vous non plus ? En fait, il n'y a aucune excuse valable pour qui que ce soit de ne pas prendre la décision d'être heureuse. Vous devez faire pour vous ce que vous feriez pour votre enfant. N'oubliez pas que vous êtes la personne la plus importante de votre vie. Vous devez vous persuader qu'il est essentiel de faire le choix du bonheur.

Convainquez-vous de prendre la décision d'être heureuse et surtout de faire ensuite tout ce qu'il faut pour y arriver. Il ne faut pas se mentir, tout le monde veut être heureux.

Pour vous aider à argumenter et à justifier votre plaidoyer à vous-même, voici quelques exemples, semblables aux premiers, mais cette fois-ci accompagnés de questions à vous poser.

Je suis déjà heureuse.	Pourquoi refuser la possibilité d'être encore plus heureuse ?
Je n'ai pas le temps.	En quoi est-il plus long d'être heureuse ?
Je n'ai pas assez d'argent.	Ne dit-on pas que l'argent ne fait pas le bonheur ?
Je ne mérite pas d'être heureuse.	Faire ce qu'il faut pour le mériter me rendra peut-être heureuse ?
Mes enfants sont trop petits.	Mes enfants, parce qu'ils sont petits, ne méritent-ils pas un modèle de parents heureux ?
Ma carrière est ma priorité.	Le choix de ma carrière ne devrait-il pas m'apporter de la satisfaction et du bonheur ?
J'ai déjà trop souffert.	Le bonheur est-il réservé aux gens qui n'ont jamais souffert ?
Nous avons une routine familiale, je ne veux pas la chambarder.	Peut-être que d'autres membres de la famille seraient heureux de modifier cette routine ?
Je me ferais juger.	Les gens ne seraient-ils pas impressionnés et influencés par ma décision ?

Je le ferai à la retraite.	Pourquoi ne pas être heureuse en attendant, je risque même de l'être encore plus à la retraite ?
Cela voudrait dire que j'ai fait les mauvais choix.	Faire le bon maintenant n'aurait-il pas plus d'avantages que de le faire dans 10 ans ?
J'aurais l'impression de trahir ma mère qui a travaillé dur toute sa vie.	Ne serait-elle pas fière de voir que sa fille ne répète pas les mêmes erreurs qu'elle ?
Je suis trop vieille.	Qui sait combien de temps il me reste à vivre ? Ce temps ne serait-il pas plus agréable si j'étais heureuse ?

À vous maintenant de vous questionner et de vous convaincre[1].

Vous devez comprendre que vous êtes la seule responsable de votre bonheur. Vous ne pouvez vous fier à personne d'autre pour vous rendre heureuse. En faisant le choix conscient d'être heureuse, vos décisions, vos actions et vos attitudes de tous les jours seront influencées positivement à votre avantage.

1. Il est possible que les raisons qui vous empêchent de faire le choix du bonheur soient trop complexes ou nombreuses pour que vous vous y attaquiez seule. Il est aussi possible que vous réalisiez que vous aurez besoin d'assistance pour trouver des solutions à des difficultés qui vous empêchent d'évoluer de la manière que vous souhaiteriez. Si c'est votre cas, je vous suggère fortement de consulter un intervenant compétent qui saura vous apporter l'assistance et le soutien dont vous avez besoin. Une demande d'aide est souvent une étape essentielle vers le bonheur.

Souhaiter futilement être heureuse en soufflant vos bougies d'anniversaire n'est pas suffisant. Vous devez prendre un engagement ferme avec vous-même. Vous devez vous engager à poursuivre le processus au jour le jour, sans oublier votre but ultime d'être heureuse. Votre bonheur vient de vous. Si vous ne choisissez pas vous-même d'être heureuse, personne ne pourra le faire à votre place. Prenez la décision d'assumer votre bonheur et d'en faire votre priorité. Vous verrez, cela vous rendra plus heureuse !

Le bonheur ne dépend pas de l'approbation des autres : il dépend de votre propre approbation.

Réflexions écrites

Prendre un engagement de bonheur

Pour vous aider à prendre au sérieux cet engagement avec vous-même, vous pouvez écrire un contrat d'engagement que vous signerez. Le relire régulièrement vous encouragera à poursuivre vos efforts et vous aidera à garder le cap sur la poursuite de votre bonheur.

Voici un exemple de ce que pourrait être ce contrat :

(Ville) (Date)

Moi, (votre nom), parce que je suis la personne la plus importante de ma vie, je m'engage à faire les efforts nécessaires pour atteindre mon équilibre et le bonheur qui me convient. À compter d'aujourd'hui, je m'accepte, je m'aime et je me respecte. J'adopte aussi une attitude et des gestes positifs dans la vie. Je suis consciente du pouvoir que j'ai sur ma vie et je choisis de l'exercer afin d'être encore plus heureuse.

(Signature)

Chapitre 2

Le bonheur de chacune

Le bonheur vous voit. Et vous, pouvez-vous le voir ?

Être reconnaissante

Vous vous mordrez un jour les doigts de n'avoir pas compris plus tôt quelle vie merveilleuse vous avez eue !

On se sent tellement plus légère une fois qu'on a choisi d'être heureuse. On perçoit aussi en nous le réel pouvoir que nous avons sur notre bonheur. Le simple fait d'avoir pris cette décision nous donne l'impression d'avoir des ailes. D'ailleurs, tous ces changements qui s'opèrent graduellement dans notre esprit nous font réaliser que nous avons déjà plusieurs raisons d'être heureuses dans notre vie.

> Si nous jouissions plus des bonheurs de notre vie, nous accepterions mieux les épreuves inévitables.

Être heureuse ne consiste pas qu'à courir après quelque chose de mieux. Ce n'est pas que rêver et espérer obtenir plus de la vie. Le bonheur, c'est surtout apprécier ce qu'on a maintenant. C'est savoir profiter du moment présent et du bonheur qu'on vit aujourd'hui. Comment peut-on prétendre qu'on sera plus heureuse une fois l'objet de notre convoitise entre nos mains, si dans le moment présent nous sommes incapables d'apprécier ce que nous avons déjà ?

Nous oublions parfois combien nous sommes choyées. Nous profitons au quotidien d'un confort que nos arrière-grands-mères n'auraient pas pu imaginer. Nous vivons dans un des pays les plus riches du monde où les possibilités sont innombrables. Nous avons accès à une foule de ressources pour nous aider dans les différents aspects de notre vie. Nous sommes toutes privilégiées. Nous ne le sommes pas nécessairement toutes pour les mêmes raisons, mais nous avons ou expérimentons toutes dans notre vie quelque chose que nous apprécions et dont nous sommes reconnaissantes.

Nous avons la chance d'être là, d'avoir des enfants, d'avoir un toit sur la tête, de connaître des personnes agréables ou simplement d'avoir entendu les oiseaux chanter ce matin. Que ce soit de la gentillesse des gens ou la beauté de la nature, nous pouvons tous les jours être reconnaissantes de quelque chose. Il est essentiel d'apprécier notre chance et d'éprouver de la gratitude, cela nous aide à prendre conscience du bonheur que nous avons déjà. La gratitude donne encore plus de valeur à tout ce que nous avons et à tout ce que nous obtiendrons dans le futur parce que nous en réalisons ainsi la valeur. Cela nous encourage aussi à faire les efforts qu'il faut pour préserver ce que nous avons.

Éprouver de la reconnaissance pour ce que vous avez et pour les expériences enrichissantes que vous vivez maintenant ne signifie pas que vous n'attendez pas davantage de l'existence et que vous n'avez pas d'aspirations plus élevées. Cela témoigne simplement du fait que vous savez reconnaître les bonnes choses qui font déjà partie de votre vie. Je vous ai parlé plus tôt de l'attitude qu'on choisit d'adopter face aux événements. Il est encore ici question de votre attitude, mais cette fois de votre attitude face à ce que vous avez et vivez en ce moment. Pour être heureuse, il faut savoir entretenir une attitude positive d'enthousiasme et de satisfaction envers ce qu'on a. Il faut se sentir heureuse pour le devenir.

Certaines personnes malheureuses adoptent plutôt une attitude de déception et d'insatisfaction de ne pas avoir plus que ce qu'elles ont. Elles sont sans cesse dans l'attente, se plaignent et jalousent les autres. Elles ne font qu'espérer avoir mieux sans réaliser la chance et le bonheur auxquels elles ont déjà accès. Cela les garde dans un état négatif qui nuit à tout effort pour améliorer leur sort.

Exprimer notre reconnaissance est une manière efficace de prendre conscience de tout ce que nous avons la chance d'avoir dans notre vie, et de tout le bonheur qui est à notre portée. C'est aussi une bonne façon d'entretenir notre attitude positive. J'en conviens, il peut paraître difficile d'exprimer sa reconnaissance quand on ne l'a jamais fait. Mais dans le fond, c'est très simple ; il suffit de dire : « Merci ! »

Selon vos croyances, vous pouvez remercier Dieu, l'Énergie créatrice, l'Harmonie infinie, la Vie, la Nature, qui ou quoi que ce soit. Vous pouvez remercier à voix haute, en chuchotant ou en pensée. L'important, c'est de dire : « Merci ! » Vous pouvez remercier de la belle journée, d'avoir bien dormi, d'avoir entendu le rire d'un enfant, d'avoir reçu les bons conseils d'une amie... Le simple fait de remercier vous fera réaliser que vous êtes choyée.

Vous pouvez aussi exprimer votre reconnaissance aux gens qui vous aident ou vous font plaisir. Il nous arrive parfois de tenir pour acquises l'aide d'une copine, la présence d'un parent ou la serviabilité d'un employé. Dire merci à toutes ces personnes qui nous facilitent la vie leur fait plaisir et nous fait aussi un grand bien. Comme les gens répondent pratiquement toujours de façon positive aux remerciements, vos rapports avec les autres deviendront plus positifs si vous exprimez plus souvent votre reconnaissance.

Si vous prenez le temps de remercier et d'apprécier toutes les belles choses et les personnes qui font partie de votre vie, votre état d'esprit à l'égard de votre situation actuelle évoluera. Vous vous sentirez de plus en plus privilégiée, chanceuse et heureuse.

Trucs de mamans

Reconnaissance spontanée

Quand quelque chose d'agréable vous arrive, remerciez tout de suite, sans attendre.

- Merci, quelle chance ai-je de voir ce magnifique coucher de soleil !
- Merci, je vous suis reconnaissante de m'avoir aidé à porter mes paquets.
- Merci, je suis reconnaissante de ma bonne santé.
- Merci d'être mon petit garçon, je suis chanceuse que tu sois mon fils.
- Merci, je suis contente d'avoir pu stationner près de la porte.

Reconnaissance spécifique

Quand quelqu'un vous a fait plaisir, vous a invitée, donné un cadeau, etc., prenez le temps de remercier spécialement cette personne pour l'attention qui vous a plu.

- Envoyez-lui une carte de remerciements par la poste ou par courriel.

- Téléphonez-lui dans le but de la remercier.
- Rendez-lui visite dans le simple but de lui dire merci.

Réflexions écrites

Reconnaissance personnelle

Pour vous aider à être plus reconnaissante et à prendre l'habitude de dire merci, je vous propose de composer un petit texte bien à vous que vous pourrez relire le soir avant de vous endormir ou le matin en vous levant. Cela vous permettra de commencer ou de terminer votre journée sur une note positive. Au fil du temps, vous pourrez ajouter d'autres idées à cette phrase qui deviendra votre pensée de reconnaissance personnelle.

Votre petit mot personnel pourrait ressembler à un de ceux-ci.

- Merci, mon Dieu, pour l'amour de mon conjoint et de mes enfants, merci pour ma bonne santé et la leur.
- Merci la vie pour le bonheur qui m'entoure. Je suis heureuse d'être en mesure de l'apprécier tous les jours.
- Je suis reconnaissante de pouvoir subvenir aux besoins de mes enfants que j'adore en faisant un travail que j'aime.
- Je suis reconnaissante d'avoir la chance d'être en bonne santé, d'avoir un toit sur la tête, un bon travail.
- Je rends grâce à tous les gens que j'aime et à la nature qui m'entoure.
- Je rends grâce à ma famille, à mes parents et à mes amis qui sont toujours là pour moi.

Vivre le moment présent

Essayez de vivre chaque jour comme si ce devait être le dernier.

Profitez-vous de votre vie à cent pour cent ? Attention, je ne vous demande pas si vous optimisez votre temps à cent pour cent. Je ne parle pas ici de productivité, mais bien de qualité de vie. Savez-vous vivre le moment présent à cent pour cent ?

Vous vous demandez peut-être de quoi je parle, au juste. Vous vous dites sans doute qu'on ne peut pas être dans le présent seulement à soixante-quinze pour cent. J'ai bien peur de vous contredire en vous confirmant que cela est bel et bien possible. Les horaires déments et les responsabilités nombreuses des mères de famille nous obligent bien souvent à fonctionner en mode multitâche et à penser à plus d'une chose à la fois. La plupart des mères de famille, malgré leur présence physique, sont en fait bien souvent absentes de l'instant présent.

Ce jour est le vôtre, vivez pour aujourd'hui !

Lorsque nous habillons nos enfants en pensant à ce que nous allons faire pour le souper, lorsque nous parlons au téléphone avec une copine en feuilletant un magazine, lorsque nous demandons une information à un vendeur sans le regarder et en ajoutant des choses dans notre panier, lorsque notre plus jeune nous dit : « Maman... Maman... MAMAN !, tu ne m'écoutes pas ! », nous ne sommes pas là à cent pour cent. Nous passons à côté du moment présent. Nous ne profitons pas de notre vie, nous ne faisons qu'exécuter des tâches.

Quelquefois, après avoir vécu une situation semblable à celles que je viens de décrire, on se sent coupable et mal à l'aise. On réalise après coup qu'on n'était pas attentive et qu'on a peut-être même blessé quelqu'un. Cela occasionne parfois des regrets.

Ne pas prendre le temps de vivre sa vie à cent pour cent, c'est éliminer des instants de bonheur de notre vie, c'est s'empêcher d'apprécier les moments heureux. Quand on essaie de faire plusieurs choses à la fois et qu'on n'est pas attentive aux gens qui nous entourent, on passe nécessairement à côté de quelque chose.

Vivre le moment présent n'équivaut pas à négliger l'avenir, ni à oublier nos projets, nos responsabilités, nos ambitions, ni à nous résigner. Il s'agit de savoir retirer tout de suite le maximum de bonheur des événements de notre vie. En sachant le faire dès aujourd'hui, nous serons aussi en mesure de le faire plus tard. En n'apprenant pas à le faire maintenant, nous risquons de ne pas être capables d'apprécier nos réalisations, nos succès et autres bonheurs futurs.

En vivant le moment présent à cent pour cent, on bénéficie de tout ce que notre vie a de mieux à nous offrir. Par exemple on peut profiter du moment où l'on habille les enfants pour les faire rire un peu et les chatouiller, pour les féliciter de leur choix de vêtements ou pour les prendre dans nos bras et leur dire qu'on les aime. Sans aucun doute, eux aussi participeront à cet instant de bonheur en nous rendant l'amour que nous venons de leur offrir. C'est une très belle façon de commencer la journée et de faire le plein d'amour ! Vous voyez comment une situation anodine du quotidien de maman peut se passer de manière tout à fait différente selon l'intérêt qu'on porte à chaque instant !

Profiter du moment présent, c'est aussi se créer des souvenirs heureux pour le futur. Faites l'effort de remarquer les odeurs, la musique, les expressions sur les visages. Tous ces petits détails vous permettront de vous remémorer des bonheurs que vous avez vécus. Par exemple, vous sourirez lorsque vous entendrez la chanson qui passait à la radio quand il vous a fait danser dans l'allée du supermarché.

> Rien n'a plus de valeur qu'aujourd'hui. Maintenant.

Vivre à cent pour cent le moment présent permet de transformer un événement banal en un beau petit bonheur. C'est à vous, en étant attentive au moment présent, de transformer vos activités routinières en instants heureux.

Trucs de mamans

Petite pause présent

À plusieurs reprises dans la journée, prenez quelques instants pour vous arrêter complètement. Ce n'est pas nécessaire de tout stopper pendant dix minutes, quelques secondes suffisent. Profitez de cette pause pour apprécier le moment présent et ce qu'il y a autour de vous.

- En voiture, vous pouvez admirer la magnifique vue sur la ville, les paysages, les paroles d'une chanson, apprécier le bonjour d'un piéton...
- Au bureau, vous pouvez apprécier la gentillesse d'une collègue, les photos sur votre bureau, la chance de faire un travail que vous aimez...

- En passant devant une fenêtre, vous pouvez prendre plaisir à regarder la neige ou la pluie qui tombe, les feuilles des arbres qui dansent dans le vent...

Prendre le temps

Prenez le temps de faire ce qui ajoute de la valeur au moment présent.

- Pensez à embrasser votre conjoint et vos enfants, à leur caresser les cheveux, à leur faire un clin d'œil, à les prendre dans vos bras...
- Attardez-vous pour dire bonjour à votre voisin, pour prendre des nouvelles de la femme du dépanneur...
- Amusez-vous à chanter votre chanson préférée, à fredonner une comptine...
- Prenez le temps de caresser votre chat, de lancer la balle à votre chien...

Choisir ce qu'on veut croire

Imaginez la peur comme un grain de sable et la joie comme la plus haute des montagnes.

À toute heure du jour et de la nuit, des milliers de pensées traversent notre esprit, qu'on en soit consciente ou pas. Notre cerveau n'arrête pas une minute. Nous pensons bien sûr à des choses agréables : être au volant d'une voiture de luxe, en tête à tête avec notre amoureux, en train de faire des puzzles avec les enfants ou bien de nous relaxer assise au soleil. Mais il nous arrive aussi à toutes d'avoir des pensées négatives qui risquent de nous causer du tort.

En effet, il nous passe par la tête des pensées comme : « Je ne suis pas belle, je vieillis, je suis moins douée que les autres, tout va mal, je suis une mauvaise mère, je ne suis pas à la hauteur, je ne verrai jamais la lumière au bout du tunnel, les autres ne m'aiment pas... » Après la lecture du chapitre précédent, vous comprenez que des pensées aussi malsaines ont une influence très négative sur notre attitude au quotidien.

Évidemment, pour éviter un impact trop grand de ces pensées néfastes sur notre comportement, et en conséquence sur notre bonheur, on voudrait être en mesure de les éliminer totalement. Logiquement, si nous n'avons plus de pensées négatives dans la tête, il sera plus facile d'être positive et heureuse. Il est effectivement possible d'exercer un certain contrôle sur nos pensées. Chaque fois que nous sommes consciente d'avoir une pensée négative, nous pouvons la remplacer par une autre, plus positive. C'est une habitude qui demande de la pratique, mais qui peut très vite devenir un réflexe. D'ailleurs, les exercices de la section précédente peuvent vous aider à modifier certaines de vos pensées négatives.

Vous vous dites sûrement qu'au vu du nombre de pensées qui vous viennent à tout instant, vous ne pouvez pas toutes les trier et les maîtriser de cette façon. Vous avez bien raison : cette technique à elle seule ne peut pas faire de miracle. Il est évident qu'il est tout à fait impossible de contrôler toutes nos pensées. Vous avez toutefois un atout considérable que vous ne soupçonnez peut-être pas, mais qui peut vous aider à ne pas vous laisser submerger par toutes les pensées négatives qui vous visitent. Vous avez le privilège de choisir de croire ou non les pensées qui traversent votre esprit. Vous n'êtes pas obligée d'accepter tout ce que vous pensez. Vous pouvez en effet n'admettre que ce en quoi vous avez envie de croire.

Dès que vous saurez contrôler vos pensées, le bonheur sera à votre portée.

Je me souviens d'une époque où j'étais une petite fille timide. Avec mes cheveux très courts et noirs, je ne me sentais pas du tout mignonne. Je n'avais pas très confiance en moi et j'hésitais à sourire pour ne pas montrer mes dents de travers. Je ne saurais vous dire pourquoi ni dans quelles circonstances, mais je me souviens très bien que vers l'âge de 10 ou 12 ans j'ai décidé que je voulais être belle. Même si je me trouvais laide, je me regardais régulièrement dans le miroir en me disant que j'étais belle et je m'efforçais d'y croire. J'ai appris à regarder la luminosité de mes yeux plutôt que de ne voir que les cernes juste en dessous. Je me suis mise à apprécier mes pieds larges qui sont un trait de famille. Progressivement, ma perception de moi-même a changé. J'ai aussi pris des mesures pour m'aider à me sentir plus jolie. J'ai laissé pousser mes cheveux, j'ai appris à me maquiller et j'ai même porté un appareil dentaire. Tranquillement, au fil du temps, je me suis trouvée de plus en plus belle. Aujourd'hui, en me regardant dans la glace, je suis fière de ce dont j'ai l'air.

Si vous me rencontrez dans la rue, il est fort possible que vous ne me trouviez pas particulièrement attrayante. Je sais très bien que je ne suis pas un top model, mais votre opinion sur mon apparence n'a pas beaucoup d'importance pour moi. De toute façon, les goûts sont personnels et on ne peut pas plaire à tout le monde. Ce qui m'importe, c'est de me plaire à moi-même. Croire que je suis belle m'aide à me sentir belle et bien dans ma peau. Cela contribue à mon bonheur.

Il ne s'agit pas ici de se raconter des histoires ni de se bercer d'illusions. Il s'agit plutôt d'être rationnellement positive en se fondant essentiellement sur des faits positifs. Il faut concentrer son attention sur ce qu'on veut croire et négliger ce qu'on ne veut pas croire. Je ne me suis pas menti en me disant que j'étais une blonde aux yeux bleus de 1,80 m. Je me suis concentrée sur les pensées qui prenaient en compte mes points forts, comme mes yeux, plutôt que mes points faibles, comme mes dents.

En d'autres mots, l'objectif, en agissant ainsi, est d'améliorer nos points faibles en portant notre attention sur nos points forts. En fait, il faut apprendre à lâcher prise quant aux pensées négatives que nous avons malgré nous et à se créer des pensées positives auxquelles on veut croire. Lâcher prise consiste à ne pas laisser nos pensées négatives nous influencer. Il ne faut pas donner d'importance à ce que nous ne voulons pas croire. En témoignant peu d'intérêt et d'attention aux aspects négatifs de l'existence, ils occuperont graduellement moins d'espace dans notre esprit. À l'inverse, en accordant une importance accrue au positif et en le valorisant, il prendra de plus en plus de place dans nos pensées.

N'oubliez pas : rien ni personne, à part vous, ne peut contrarier votre bonheur intérieur.

Choisir ce qu'on veut croire, c'est ne pas se laisser influencer par des pensées qui peuvent être malsaines pour nous, c'est préférer croire en l'aspect positif des choses. Alors, choisissez de croire en votre succès plutôt qu'en vos échecs, choisissez de croire en vos qualités plutôt qu'en vos défauts, choisissez de croire en votre bonheur !

Ajouter du bonheur à sa vie

Ceux qui semblent heureux aux yeux des autres ne le sont pas autant que ceux qui semblent heureux à leurs propres yeux.

C'est bien de découvrir que nous éprouvons déjà du bonheur dans l'existence et que nous pouvons en profiter davantage, mais il est possible d'aller plus loin. Personnellement, j'ai longtemps pensé que pour être heureuse il fallait simplement savoir profiter de tous les petits bonheurs que la vie mettait sur mon chemin. J'ai cru que ma seule responsabilité était d'apprécier les bonnes choses qui m'arrivaient et d'en être reconnaissante. C'est exactement ce que je vous expliquais en vous parlant de reconnaissance.

Ce n'est que récemment que j'ai découvert qu'il était facile d'être encore plus heureuse. Pour ce faire, il s'agit simplement d'ajouter à notre vie les bonheurs de notre choix. Oui, il est possible de choisir les bonheurs qu'on veut et on peut ajouter tous ceux qu'on désire. On peut les ajouter au moment voulu et en quantité désirée. Nous avons le total pouvoir de faire ce que nous voulons de notre existence. La difficulté, parce qu'il y en a une, vient du fait que bien souvent on ne sait pas ce qu'on veut vraiment.

Nous sommes façonnés par ce qui nous rend heureux.

Parfois, on pense savoir ce qu'on désire, et une fois qu'on l'obtient on est déçue en réalisant que notre besoin initial n'est pas vraiment comblé. Bien souvent, on tente de combler nos attentes de bonheur en ignorant nos exigences profondes. On se fixe comme idéal de vie celui de la société plutôt que le nôtre. Nous ignorons nos goûts, nos valeurs, notre personnalité ; nous nous conformons plutôt à la société, à la mode, à notre entourage.
Malgré tous nos efforts et notre bonne volonté à être heureuse, il est impossible d'arriver ainsi à un réel bonheur.

Ne cherchez pas les grands moyens pour trouver le bonheur. Il se trouve dans de toutes petites choses.

Il faut plutôt arriver à combler notre besoin de bonheur d'une façon qui corresponde à qui nous sommes. Nous ne savons pas toujours comment, parce que nous nous connaissons mal. Notre quotidien et notre routine de mère de famille nous ont lentement éloignée de nous-même. Au fil des ans, nous avons évolué et changé.

Pour être en mesure d'ajouter à notre vie les bonheurs qui nous conviennent, il faut d'abord apprendre à nous connaître et à découvrir ce qui nous rend heureuse. Vous devez trouver ce qui vous fait plaisir, ce qui vous rend joyeuse, ce qui vous met de bonne humeur, ce qui vous passionne, ce qui vous fait vibrer, ce qui vous fait sourire, ce qui vous fait rêver... Bref, tout ce qui vous apporte du plaisir !

Nous sommes toutes uniques et différentes en tant que femmes et en tant que mères. Vous avez vos propres valeurs, vos propres objectifs de vie, vos propres façons de faire, votre personnalité unique. Votre bonheur sera donc tout aussi unique. Il est possible que vous ayez déjà tout ce qui comblerait votre voisine de bonheur, mais que cela ne vous convienne pas. C'est donc à vous seule que revient la tâche de créer votre vie pour qu'elle corresponde à votre bonheur à vous. Pour ce faire, vous devez découvrir qui vous êtes vraiment et quels sont les petits bonheurs qui vous rendent heureuse.

Il existe un tas de petites choses qui vous font plaisir et qui peuvent vous apporter plus de bonheur. En ajoutant chaque jour un nouveau plaisir, rapidement et facilement, votre quotidien deviendra plus heureux. Vous vous sentirez donc plus joyeuse et satisfaite et vous serez de meilleure humeur. Cela vous donnera de l'énergie et l'envie de faire plus d'efforts encore. Cela pourrait même avoir une influence positive sur votre entourage.

> La personne la plus importante à connaître, pour vous, c'est vous-même. Alors, au boulot !

C'est donc ici que le travail commence. Je vous propose une série d'exercices. Libre à vous de les faire ou non, mais ils sont nécessaires pour développer votre compétence à savoir ce que vous voulez vraiment et ce qui vous fait plaisir. Vous serez ensuite davantage en mesure de faire les bons choix. On pourrait dire qu'ils sont un préalable à votre bonheur.

Vous découvrir ne se fera pas en quelques minutes. Cela peut vous prendre du temps et vous n'avez pas à répondre à toutes ces questions d'un seul coup. Les réponses peuvent quelquefois sembler évidentes, mais ce sont justement les réponses évidentes qu'il faut éviter. Le nombre élevé de questions est voulu pour vous faire chercher les réponses enfouies profondément en vous.

Trucs de mamans

Tenir un cahier du bonheur

Je vous suggère de conserver ces exercices avec vos réponses et de les dater. Vous pouvez les conserver ensemble dans un cahier ou un classeur. Vous pourrez les consulter, y ajouter des choses ou les revoir quand vous en ressentirez le besoin. Il sera aussi intéressant de les relire dans quelques années et de constater de quelle façon vous avez évolué.

Ajouter du bonheur dans la vie des autres

Faire plaisir aux autres ajoute automatiquement du bonheur dans notre vie. Essayez de découvrir les petits bonheurs des gens qui vous entourent.

Réflexions écrites

Mes cinq sens

- Quelles sont mes 10 odeurs préférées ?
  (Par exemple : la tarte aux pommes chaude, la lavande, la poudre pour bébé, la poire.)
- Quels sont mes 10 sons préférés ?
  (Par exemple : un rire d'enfant, une rivière qui coule, le violoncelle, le vent dans les arbres.)
- Quelles sont mes 10 saveurs préférées ?
  (Par exemple : le sirop d'érable, le citron frais, la crème fouettée, une sauce au vin rouge.)
- Quelles sont les 10 choses que j'aime regarder ?
  (Par exemple : vos enfants dormir, un chaton qui joue avec une balle, un coucher de soleil, une œuvre d'art.)

- Quelles sont mes 10 sensations préférées ?
  (Par exemple : la chaleur du soleil, un doux foulard dans le cou, un bon bain tiède, le vent dans les cheveux.)

Mes souvenirs d'enfance

Creusez au fond de vos souvenirs et de votre cœur d'enfant pour vous rappeler votre jeunesse. Posez-vous les questions suivantes :

- quel est mon plus beau souvenir d'enfant ?
- quel métier est-ce que je rêvais d'exercer ?
- quels pays est-ce que je voulais découvrir ?
- qu'est-ce qui me faisait rire ?
- qui était mon idole et pourquoi ?
- qu'est-ce que j'admirais chez les grandes personnes ?
- à qui est-ce que je voulais ressembler et pourquoi ?

Ma saison préférée

Quelle est ma saison préférée et pourquoi ?

Pour chaque saison, quelles sont les cinq choses qui me plaisent le plus ?

(Par exemple, l'hiver : la beauté de la neige sur les arbres, faire du ski, boire du chocolat chaud en rentrant, les feux de cheminée, les lumières de Noël.)

Mes bonheurs simples

Quels sont les 10 petits bonheurs qui me font ou me feraient le plus de bien et qui ne coûtent rien ?

(Par exemple : embrasser mon amoureux en me réveillant, m'emmitoufler dans une couverture moelleuse, boire un bon thé chaud, cueillir des fleurs, border mes enfants, écouter de la musique douce.)

Mes passe-temps

Quelles sont les 10 activités que j'aime ou aimerais faire dans mes moments de loisir ?

(Par exemple : lire, faire de la photo, compter les nuages, prendre soin de mes plantes, jouer avec mon chat, faire des puzzles, prendre un bain, méditer, peindre.)

M'exprimer à ma façon

Comment est-ce que je prends ou prendrais le plus de plaisir à m'exprimer ?

(Par exemple : en parlant, en chantant, en écrivant, en dessinant, en dansant, en jouant d'un instrument.)

Mes attentes et mes ambitions

Quelles sont mes cinq attentes et ambitions pour chacun des aspects suivants de ma vie ?

Santé	Amour	Relation
Famille	Travail	Loisirs
Finances	Contribution sociale	Personne

Mes valeurs

Quelles sont les cinq valeurs que je veux transmettre à mes enfants ? Pourquoi est-ce important pour moi ?

Mon rôle de mère

Quels sont les 10 plus grands plaisirs que je retire de mon rôle de mère ?

Mes grands rêves

Quelles sont les 25 choses que je veux faire avant de mourir ?

(Par exemple : apprendre le piano, escalader le mont Everest, faire un safari en Afrique, apprendre à faire du ski nautique, prendre soin de chevaux, faire du bénévolat, récolter les fruits de mon jardin, jouer dans une pièce de théâtre, devenir ceinture noire en karaté.)

Chapitre 3

Reconnaître et éliminer le négatif

L'étape la plus cruciale vers la solution d'un problème, c'est de savoir se reconnaître comme une composante du problème.

Apprendre à dire non

Pourquoi disons-nous : « Ce n'est pas grave » lorsque, visiblement, ça l'est ?

On a vu au chapitre précédent qu'on pouvait ajouter nos propres petits bonheurs à notre vie. Je vous propose ici une stratégie différente et complémentaire. De même qu'il est facile d'ajouter des plaisirs à notre vie, il est aussi possible de modifier ou d'éliminer ce qui nous irrite. En effet, on aura beau ajouter de belles choses à notre quotidien, si nous y trouvons aussi plusieurs sources d'irritation et des désagréments, les efforts à faire pour conserver notre attitude positive devront être plus grands.

Il existe toutefois des désagréments que nous devons accepter parce qu'ils nous apportent en fin de compte beaucoup plus d'avantages que d'inconvénients. Par exemple, je ne connais personne qui aime changer des couches pleines, mais nous avons toutes déjà accepté de le faire. En général, régler les factures n'est pas très agréable, mais on doit y passer. Aller faire poser nos pneus d'hiver, ce n'est pas très plaisant, mais c'est nécessaire. Ce sont des exemples basiques, mais qui représentent bien les désagréments incontournables de notre vie.

> Avez-vous la possibilité d'éviter certaines des choses qui vous mettent en colère ou vous attristent dans la vie ? Si oui, faites-le.

Bien sûr, nous ne voulons pas éliminer ces désagréments étant donné les avantages qu'ils nous apportent. Ils sont, d'une certaine façon, essentiels à notre bonheur. Ils ne constituent plus un réel problème pour vous, puisque vous savez maintenant comment aborder les situations qui vous déplaisent, c'est-à-dire, évidemment, en adoptant une attitude positive ! Le moment de changer la couche devient alors l'occasion de chatouiller et de faire rire notre bébé, payer nos factures est une façon de réaliser la chance que nous avons d'avoir une voiture et des meubles confortables. Notre rendez-vous au garage nous permet de faire un peu de lecture et de terminer un bon roman.

Ce qu'il faut éliminer de notre quotidien, ce sont plutôt les éléments qui ont une influence négative sur notre moral et notre attitude, à savoir tout ce qui nous rend plus vulnérable au pessimisme. Cela peut être une personne désagréable et démotivante. Il peut aussi s'agir d'une mauvaise habitude que nous avons et qui nous nuit. Cela peut être encore une situation que nous souhaitons différente parce qu'elle ne correspond pas à nos désirs.

Très souvent, nous laissons entrer nous-même les désagréments dans notre vie. On accepte des situations auxquelles on aurait pu dire non. On plombe notre quotidien avec des obligations qui n'en sont pas vraiment et avec des responsabilités qui ne sont pas les nôtres. Les mères de famille ont cette fâcheuse habitude de s'autopersuader de choses comme : « Il le faut, je dois le faire, je n'ai pas le choix, je suis la seule qui... »

Malgré un court moment où l'on peut ressentir un sentiment d'importance ou l'impression d'être indispensable, on ne fait souvent que s'ajouter un stress inutile. Nous devons être capables de dire non à certaines choses pour être ensuite en mesure de dire oui à ce qui est vraiment important pour nous. Pour pouvoir choisir nos petits bonheurs, sélectionner les activités qui nous font plaisir, passer du temps avec les personnes avec qui nous avons envie d'être, décider à qui et à quoi nous disons oui, nous devons apprendre à dire non à tout ce qui est superflu pour nous.

Pourquoi est-il si difficile de dire non alors que nous serions parfois si heureux de le dire ?

Si vous n'avez pas l'habitude de dire non, cela peut vous paraître laborieux. Il n'est pas toujours facile de dire non. On a peur de blesser ou de décevoir. On ne sait pas trop comment s'y prendre. Mais ayez le courage d'essayer une fois et vous verrez que ce n'est pas si compliqué. Vous constaterez que ça fait même du bien de s'écouter et de se laisser le droit de choisir. Si vous ne dites jamais non, on sera peut-être surpris de vous l'entendre dire pour la première fois, mais vous verrez, on respectera votre choix.

De toute façon, lorsqu'on demande quelque chose à quelqu'un, c'est parce qu'on ignore la réponse. Donc, on laisse à l'autre un choix. Par exemple, si vous invitez une copine au cinéma, elle peut vous dire oui ou non, vous proposer une autre activité ou un autre moment. En lui posant la question, vous lui laissez la possibilité de choisir sa réponse. Alors, donnez-vous le même privilège d'avoir le droit de faire vos propres choix.

Dans les faits, il est plus facile qu'on ne le croit de dire non parce qu'on n'a pas nécessairement à le dire. Ce qu'on doit apprendre à faire, c'est à ne pas dire oui tout de suite. Pour vous aider, au début, essayez simplement de répondre quelque chose comme : « Peut-être... Laisse-moi y penser... Je voudrais en discuter avec X... Je vais vérifier mon agenda et je te rappelle. » Ce sont des phrases qui vous permettent de gagner un peu de temps.

Ce temps, il faut l'utiliser pour réfléchir et évaluer la demande qui vous est faite. Demandez-vous : « Est-ce que j'ai envie de faire ça ? Est-ce que cela va m'apporter quelque chose de positif ? Est-ce que cela fait partie de mes priorités ? Est-ce que j'ai le temps de le faire ? Est-ce que la personne qui me demande cela le ferait pour moi si la situation était inversée ? Est-ce que je peux m'attendre au même genre de faveur de sa part ? »

En analysant la demande, vous réaliserez peut-être qu'elle ne vous apportera pas de plaisir ou de satisfaction particulière. Accepter vous priverait de temps pour faire autre chose que vous préférez. À l'inverse, vous pourriez réaliser que vous êtes très excitée à l'idée d'accepter cette demande. Que vous en retirerez beaucoup d'avantages et même du bonheur !

Peu importe la décision que vous prendrez, rien ne vous aura été imposé, car vous l'aurez choisi. L'important est de ne pas vous manquer de respect en acceptant des choses qui ne vous conviennent pas. Acceptez avec joie seulement ce qui vous convient et en vaut la peine pour vous.

Arrêter de se plaindre

Essayez d'éviter les bouffées d'irritabilité soudaine : des périodes de mauvaise humeur peuvent fermer la porte au bonheur.

En général, lorsqu'on discute de nos problèmes avec notre entourage, on a de bonnes intentions. On cherche à trouver une solution ou une nouvelle réponse à une circonstance donnée. C'est un comportement qui a fait ses preuves. Discuter avec une personne de confiance et écouter son opinion est bénéfique. Souvent, le simple fait de parler de notre problème avec quelqu'un d'autre nous aide à y voir plus clair. Quelquefois, on réussit à trouver la solution sans que notre interlocuteur ait dit un mot.

Les mauvaises habitudes sont comme des personnes malfaisantes qui cherchent à nous nuire.

Il faut toutefois être prudente et faire très attention de ne pas tomber dans ce que j'appelle un « monologue de chialeuse ». Malgré nos bonnes intentions qui sont simplement de discuter, il arrive que nos propos dérapent et ne deviennent que plaintes et critiques. La conversation peut alors devenir très embarrassante et désagréable pour notre interlocuteur. Malgré toute sa bonne volonté, la personne à qui l'on se confie ne saura nous aider. Ses efforts resteront vains si nous ne gardons l'accent que sur le négatif.

Même si on n'est pas une pleurnicheuse chronique, le simple fait de se lamenter a un impact négatif sur nous et sur notre entourage. Se plaindre pour se plaindre ne mène à rien. Se plaindre renforce le sentiment d'insatisfaction et d'inconfort devant la situation qu'on critique. En se plaignant, on ne fait que dépeindre le négatif. Notre discours peu reluisant peut même influencer la personne qui nous écoute. Nous l'incitons inconsciemment à renchérir et à ajouter des points encore plus désagréables auxquels nous n'avions même pas pensé.

Souvent, les personnes qui se lamentent beaucoup ne réalisent pas que leur comportement a une réelle influence sur leurs relations avec les autres. Les gens qui les entourent prennent leurs distances graduellement ou refusent de faire plus ample connaissance. Sans s'en rendre compte, lorsqu'on passe son temps à tout critiquer, on éloigne de nous les gens positifs. En effet, nos propos leur demandent beaucoup plus d'énergie pour conserver leur bonne humeur et leur attitude positive lorsqu'ils nous côtoient. En étant négative, on attire donc les gens qui ont le même genre d'attitude néfaste.

Quel plaisir trouvons-nous à remarquer les failles et les faiblesses des autres ?

Vous me direz peut-être que ça fait du bien de se plaindre, de « chialer ». C'est vrai. Parfois, il n'y a rien de mieux qu'une bonne période de défoulement pour faire sortir la pression. On appelle notre meilleure copine, on lui dit qu'on a besoin de se défouler un peu et on lui demande la permission de se lamenter pendant quinze minutes. Une fois le temps écoulé, ça ne vaut plus la peine d'en rajouter. Continuer à nous plaindre nous garde dans un état négatif et nous empêche de voir d'autres possibilités. Il faut arriver à contrôler nos pensées et nos paroles de façon positive. Comme nous l'avons vu précédemment, adopter la bonne attitude à l'égard de nos insatisfactions nous aide à les changer et à améliorer notre situation. Il faut donc éviter les plaintes et les critiques inutiles.

Au lieu de pleurnicher lorsqu'on fait face à une situation qui nous dérange, il faut changer d'attitude. Tout d'abord, demandons-nous : « Est-ce que je peux y faire quelque chose ? » Parce que, oui, il y a des situations qu'on ne peut pas changer. Il pleut et on voulait aller pique-niquer avec les enfants ; c'est décevant, c'est vrai. Toutefois, même si vous criez, pestez ou pleurez, cela n'influencera en rien Dame Nature. Cela contribuera seulement à alimenter votre colère, votre frustration et votre déception. Tâchez plutôt de trouver une solution de rechange. Pourquoi ne pas jouer à des jeux de société, aller au cinéma ou faire des biscuits en famille ?

Plutôt allumer une bougie que maudire l'obscurité.

Il y a aussi les moments où l'on peut faire quelque chose pour redresser la situation. Deux possibilités s'offrent alors à nous : ne rien faire et continuer à se plaindre, ou passer à l'action. Nous devons agir si nous voulons que la situation change. Si rien n'est fait, rien ne changera. Voici quelques exemples concrets.

Les ordures

Yves, le conjoint de Christina, oublie régulièrement de sortir les ordures et cela la frustre énormément. Elle se plaint constamment que ça sent mauvais et que les poubelles débordent. Elle insinue régulièrement que son conjoint n'a pas le sens des responsabilités et qu'on ne peut pas se fier à lui. Elle va parfois même jusqu'à le traiter de cochon…

Un matin, Christina décide de changer d'attitude. Sans critiquer ni se plaindre, elle explique à Yves combien c'est important pour elle que les ordures soient ramassées par le camion toutes les semaines. Quand elles sont gardées une semaine de plus à la maison, les mauvaises odeurs deviennent insupportables pour elle. Elle s'inquiète aussi de ce que la vermine soit attirée dans le garage.

Cette nouvelle approche de la part de Christina permet à Yves d'entamer une conversation beaucoup plus productive avec elle. Il lui confie qu'il est du même avis qu'elle. Toutefois, depuis que les éboueurs passent le mardi au lieu du jeudi, il a du mal à développer le nouveau réflexe de sortir les ordures le bon soir. Pour éliminer son insatisfaction, Christina lui propose de lui faire un petit rappel le lundi soir et lui suggère aussi d'ajouter une note à son agenda.

La température

Chaque printemps et chaque automne, c'est la même histoire dans le bureau de Nadine et de Maryse. Il y a des jours où il fait trop chaud et d'autres où il fait trop froid. C'est apparemment causé par le système de chauffage automatique qui ne s'adapte pas efficacement aux changements de température irréguliers lors des changements de saison.

Les deux femmes ont leur propre façon de réagir à la situation. Nadine passe son temps à se plaindre à tout le monde qu'il fait trop chaud ou trop froid. Certains la surnomment même la « chialeuse ». Maryse, elle, a installé un ventilateur sur son bureau et garde dans son armoire un châle. Selon la température, elle a toujours la possibilité d'être à l'aise.

Vous voyez comment, encore une fois, l'attitude qu'on adopte fait toute la différence. Se plaindre ne sert à rien. Ce sont nos actions qui ont un effet sur les circonstances.

En plus de contrôler nos propres plaintes et critiques, il faut aussi apprendre à éviter celles des autres, ou du moins à ne pas se laisser affecter par elles. Évidemment, nous avons beaucoup plus de pouvoir sur notre propre discours que sur celui des autres. Il peut donc être ardu d'éviter tous les propos négatifs des personnes de notre entourage.

Si une personne que nous côtoyons régulièrement se plaint et critique tout au point que cela crée un impact négatif sur notre humeur et notre attitude, nous devons agir pour nous protéger de ce pessimisme. Dans la mesure du possible, mieux vaut éviter cette personne. Si cela est impossible ou que cette personne est importante pour nous, il peut être approprié de lui en parler. Cela doit toutefois se faire au moment opportun, en utilisant tout notre tact et en étant très diplomate. C'est un service à lui rendre que de lui faire réaliser la teneur très négative de son discours. Cependant, n'essayez pas de la changer. C'est à elle seule de décider si elle souhaite modifier ou non son comportement à la suite de votre remarque.

Maîtrisez tout comportement impulsif avant qu'il échappe à votre contrôle.

Comme tout le monde est différent, il y a plusieurs façons de réagir et il faut donc vous attendre à des réactions diverses. Certaines personnes vous remercieront de les avoir sensibilisées à leur pessimisme. D'autres, toutefois, pourraient vous critiquer de l'avoir fait. Si vous ne vous sentez pas capable d'aborder la situation de manière positive, vous devez alors vous protéger en choisissant votre propre attitude plutôt que cet inconfort. Encore une fois, c'est à vous de juger et de prendre la mesure de votre malaise pour éliminer les plaintes et les critiques qui vous nuisent.

Ce n'est pas évident de transformer notre façon de nous exprimer et cela demande des efforts constants. Cependant, vous constaterez rapidement qu'en éliminant le négatif dans vos paroles et dans vos gestes il sera vite remplacé par du positif.

Fuir l'envie et la jalousie

Comment se fait-il que nous ressentions souvent les joies des autres comme une blessure personnelle ?

Tous les jours de notre vie, autour de nous, nous pouvons trouver des dizaines de raisons pour être jalouse d'un tas de choses. Il suffit d'allumer la télévision ou d'ouvrir un magazine pour voir des gens riches et célèbres qui ont tout et qui semblent heureux.

Il y a aussi des éléments qui nourrissent encore plus notre convoitise parce qu'ils nous semblent plus accessibles : Unetelle est plus mince, elle a une plus belle voiture, elle travaille toujours sur les meilleurs projets, son mari lui offre souvent des fleurs, elle a des enfants modèles, elle est une bonne joueuse de tennis, etc.

Envie et rage raccourcissent la vie.

C'est normal de souhaiter avoir mieux et de vouloir plus que ce que nous avons déjà. Constater ce que les autres ont et désirer avoir la même chose est tout à fait naturel et humain. Toutefois, entretenir des sentiments d'envie et de jalousie n'est pas une façon positive d'obtenir ce qu'on veut. Cela contribue à nous maintenir dans un état d'insatisfaction et de déception constantes.

Il est préférable d'apprendre à entretenir nos désirs et nos rêves de façon positive. On peut se servir de ce qui nous plaît dans la vie des autres pour alimenter nos propres ambitions et aspirations. Les acquis des autres peuvent nous donner des idées sur ce qu'on aimerait avoir et nous servir de motivation.

Il faut aussi garder en tête que rien ne tombe du ciel. Pour obtenir ce qu'elles ont, les autres ont fait ce qu'elles avaient à faire. Derrière un beau corps, il y a de l'exercice et une bonne alimentation. Derrière une voiture de luxe, il y a des heures de travail. Derrière des responsabilités intéressantes, il y a du dévouement. Derrière une belle vie de couple, il y a de la considération pour l'autre. Derrière des enfants obéissants, il y a de la discipline. Derrière le mérite sportif, il y a de l'entraînement... Si vous n'avez pas envie de faire les gestes nécessaires pour vous rapprocher de ce que vous désirez, si les efforts semblent trop grands et difficiles à faire pour obtenir ce qui vous fait envie, vous devez alors vous demander si l'objet de votre convoitise est vraiment ce que vous désirez.

Voyage dans le Sud

Tina, la copine de Lise, part dans le Sud chaque année avec son conjoint. Lise a envie de faire la même chose. Toutefois, son budget, tel qu'il est structuré actuellement, ne le lui permet pas. L'idée de réduire ses dépenses ne lui plaît pas vraiment et il est hors de question pour elle de travailler davantage. Elle n'entreprend donc aucune action.

L'hiver arrive. Lise commence à se lamenter et adopte un monologue de pleurnicheuse jalouse : « Ce n'est pas juste que Tina puisse partir. Elle part tous les ans. Pourquoi elle et pas moi ? J'aimerais tellement y aller, moi aussi... » Lise ne se rend pas compte des choix que Tina a faits tout au long de l'année pour se permettre de partir l'hiver venu.

La vie n'est pas une question de hasard, c'est une question de choix.

Trop occupée à être jalouse de Tina, elle a oublié les bonheurs qu'elle a choisis et qui font que pour elle mettre de l'argent de côté pour un voyage n'est pas la priorité. Lise adore les sports motorisés, tels que la motocyclette et la motoneige. Choisir un voyage dans le Sud la priverait d'un bonheur encore plus grand, celui de pratiquer régulièrement ses sports préférés en compagnie de ses amis.

En plus de nourrir en nous des sentiments d'insatisfaction, la jalousie est un mauvais guide. Elle nous empêche de prendre conscience de nos propres désirs et priorités. Elle ne prend pas en considération ce que nous avons déjà et nous fait oublier nos propres choix. La jalousie nous empêche de profiter du moment présent en nous faisant envier le choix des autres. Elle ne met l'accent que sur ce qui nous manque, sans même nous faire nous demander si cela nous convient ou non. En obtenant quelque chose dont la source du désir n'est que la jalousie, il est certain que la satisfaction et le bonheur ne seront pas au rendez-vous.

Admirez le succès des autres et réjouissez-vous-en. Être contente et heureuse pour quelqu'un nous remplit d'un sentiment positif. C'est une autre façon d'ajouter du bonheur à notre vie. Cela nous fait aussi réaliser que bien des choses sont possibles si le désir vient de notre cœur. Servez-vous de l'exemple des autres pour vous inspirer et obtenir vos propres succès.

Éviter les disputes

Les paroles peuvent blesser bien plus profondément que le fouet.

C'est inévitable, nous aurons à faire face à des conflits tout au long de notre vie. Il existe autour de nous des centaines d'éléments susceptibles de devenir le prochain sujet de discorde. De toute évidence, les situations conflictuelles n'ajoutent pas de bonheur à notre existence. On pourrait donc avoir envie d'éviter complètement tout ce qui risquerait d'engendrer un désaccord.

Cependant, pour y parvenir il faudrait faire plusieurs concessions qui risqueraient d'avoir un impact négatif sur notre bien-être. Cela impliquerait entre autres de devoir changer d'idée pour penser comme les autres et de modifier notre comportement pour agir comme eux afin de ne pas créer de désaccord. Dire et faire ce qui plaît aux autres n'est pas nécessairement toujours ce qui nous convient. On comprendra donc qu'éviter tous les conflits tout en se respectant est pratiquement impossible.

Un sourire peut désarmer plus d'une situation : l'amour et le bonheur sont les grands ennemis du conflit.

Un désaccord en soi est rarement ce qui nuit le plus à notre bonheur. Ne pas être du même avis que quelqu'un d'autre n'est pas le problème. Ce qui l'est, c'est la querelle qui s'ajoute souvent à la mésentente. Ce sont les cris, les pleurs, les gros mots, les insinuations et les méchancetés qui font partie de la dispute. Sans oublier les longs silences, le mal-être et les bouderies qui peuvent s'ensuivre.

Dans le passé, plusieurs de mes conversations étaient menées de façon à convaincre les autres. Elles prenaient fréquemment des allures de débat, et ce même pour des sujets très anodins. Je m'efforce depuis quelque temps d'améliorer mes capacités à communiquer. Ma prise de conscience et mes efforts pour m'améliorer m'ont fait réaliser qu'il est possible de ne pas avoir la même opinion que quelqu'un d'autre sans que cette divergence crée un malaise, ou pire, se transforme en dispute.

Pour éviter l'escalade lorsqu'on discute d'un sujet sensible, il faut tout simplement apprendre à bien communiquer. Cela peut vous sembler simpliste, mais dans la majorité de nos conversations, c'est bien souvent la qualité de la communication qui fait toute la différence. Ne vous est-il jamais arrivé de réaliser, après un conflit, que vous vous étiez mal compris, votre interlocuteur et vous ? Que vous n'aviez pas du tout saisi ce que l'autre voulait dire et que vous aviez mal interprété ses propos, menant ainsi la discussion dans un cul-de-sac ?

La bonne communication est un art. C'est un savoir-faire qui prend du temps à se développer et qui peut être difficile à maîtriser, surtout dans les situations de conflit. En effet, il n'est pas toujours facile de garder la tête froide dans certaines situations. Eh bien, c'est justement dans ces cas-là qu'il vaut mieux ne pas communiquer du tout.

Vous pouvez parfois tarir la colère des autres en écoutant ce qu'ils ont à dire.

Vous avez donc compris que le premier préalable à la bonne communication est de savoir l'exercer au bon moment. Notre attitude et le contrôle de nos émotions sont deux facteurs qui ont un impact significatif sur l'issue de toute discussion. C'est donc lorsque tout le monde est calme et ouvert que le dialogue peut commencer. Il est nécessaire de se mettre dans un mode d'ouverture à l'autre, c'est-à-dire de bien écouter et d'être attentive aux propos de notre interlocuteur. Nous devons nous efforcer de comprendre les arguments évoqués, et parfois il est utile d'essayer de se mettre à la place de l'autre. Il faut éviter de préparer notre réponse pendant que l'autre parle. Cela risque de nous distraire des points importants qu'on nous explique et qui sont essentiels à notre compréhension de l'autre. N'oubliez pas que nous avons deux oreilles et une seule bouche ; c'est donc que nous devrions écouter deux fois plus que nous parlons.

Bien communiquer, c'est aussi, naturellement, savoir bien s'exprimer, et ce pas seulement lors d'une mésentente. Comprendre le point de vue de l'autre est essentiel, mais faire comprendre le sien est tout aussi nécessaire. Je me souviendrai toujours de ce qu'un professeur de service à la clientèle nous avait expliqué : « On peut tout dire à un client, c'est à la manière de le lui dire qu'on doit faire attention. » En fait, on doit toujours faire attention à ce qu'on dit !

Il est important de savoir bien décrire nos attentes, nos appréhensions, nos impressions, nos désirs... Si nos paroles ne sont pas claires, nous risquons d'être déçue de la réponse des autres. Il est toujours préférable de prendre son temps et d'être le plus honnête possible, en disant ce qu'on pense et ressent vraiment. Il faut émettre ses idées clairement et porter une attention particulière au choix des mots qu'on utilise. On veut éviter de blesser notre interlocuteur, de critiquer ses pensées ou de le mettre en cause. Pour ce faire, il vaut mieux parler de ses propres sentiments et de ses propres impressions en utilisant le « je ». Il faut être en mesure d'expliquer ses opinions tout en respectant les idées des autres.

Lorsqu'on discute d'un désaccord, il faut garder en tête que l'objectif premier doit être de trouver le compromis qui rendra tout le monde heureux. La discussion doit porter sur l'élaboration d'une solution ou d'un arrangement dans lequel tout le monde trouve son compte. On doit faire preuve d'imagination, trouver de nouvelles idées et être ouverte à celles des autres. En fait, on doit faire son bout de chemin et surtout reconnaître celui que l'autre fait.

Tout cela n'est pas évident. Moi la première, je dois faire de grands efforts pour que mes divergences d'opinions ne dégénèrent pas en dispute. Ce qui m'encourage, c'est que, même si je suis loin d'être une experte en diplomatie, mes efforts portent leurs fruits. Ils ont une influence sur la réponse que les autres me renvoient. Ceux-ci ajustent de manière positive leurs attitudes et leurs comportements face aux miens.

On cherche souvent à avoir raison à tout prix plutôt qu'à préserver la bonne entente. Il faut parfois se demander si l'on fait pour le mieux ou si l'on ne fait que s'entêter. Parfois, sans s'en rendre compte, on néglige notre propre bonheur et celui des personnes qu'on aime dans le seul but d'avoir raison. Tout ne vaut pas la peine d'être argumenté. Il est aussi important d'être respectueuse lorsqu'on a eu tort. On doit être capable de le reconnaître et de s'excuser. À l'inverse, on doit aussi être capable d'accepter les excuses des autres.

La bonne communication est le meilleur atout pour éviter les conflits parce qu'elle nous permet d'éclaircir tout de suite un malentendu. Faite de manière mature et respectueuse, elle nous permet de nous respecter et de respecter les autres. La bonne communication favorise les bonnes relations.

Reconnaissez toujours vos torts.

Échapper à la culpabilité

Consacrez-vous entièrement à ce qui est devant vous, ensuite à ce qui vient après, puis à ce qui vient encore après, et ainsi de suite.

On dit de quelqu'un qui a commis un crime qu'il est coupable de ce délit. Alors, pourquoi ce sentiment de culpabilité est-il si répandu parmi les mamans ? Que je sache, les mères de famille ne sont pas en majorité des criminelles !

N'avez-vous pas aussi cette impression qu'en devenant mère on développe le réflexe de se sentir coupable de tout ? On se sent coupable de travailler trop, mais on se sent aussi coupable de prendre un jour de congé. On se sent coupable de ne pas passer assez de temps avec nos parents, mais on se sent aussi coupable de les laisser envahir notre quotidien. On se sent coupable de ne pas voir assez nos amies, mais on se sent aussi coupable de sortir avec elles. Pas étonnant qu'on se sente tiraillée à tout instant !

La culpabilité est un sentiment néfaste qui ruine notre capacité à profiter du moment présent. Au lieu de se consacrer entièrement au travail, on pense à tout ce qu'on n'est pas en train de faire. Au lieu de profiter de moments heureux avec ceux qu'on aime, on a la tête au bureau. Au lieu de passer une soirée agréable entre amies, on se dit qu'on devrait être à la maison. La culpabilité nous fait passer à côté de beaux instants de bonheur parce que nous sommes alors plus occupées à nous sentir coupables qu'à profiter du moment présent.

Ressentir ainsi de la culpabilité empoisonne la vie. Il faut donc arriver à éliminer ce sentiment nuisible qui nous habite trop souvent. Comme je vous le disais plus haut, pour se sentir coupable, il faut avoir commis un acte répréhensible. Je vous suggère donc de vous poser les deux questions suivantes la prochaine fois que vous sentirez la culpabilité vous envahir. « Pourquoi est-ce que je me sens coupable ? Est-ce que ce que je fais est un acte puni par la loi ou quelque chose d'immoral ? » Si la réponse est non, vous n'avez pas à vous sentir coupable.

On peut se sentir responsable, déçue ou avoir des regrets, mais se sentir coupable est un sentiment bien trop destructeur pour l'utiliser à toutes les sauces. Par exemple, il est possible de regretter une sortie parce que, finalement, elle est bien plus ennuyeuse que le film que vous auriez regardé avec vos enfants. Il est possible que vous vous sentiez coincée parce que votre temps a été mal planifié. En constatant ces désagréments, il faut arriver à remplacer le sentiment de culpabilité par autre chose de plus positif, par exemple une volonté d'amélioration, plus de prévoyance, une meilleure analyse afin de faire de meilleurs choix.

Accordez-vous le droit de prendre vos propres décisions.

Toutes les mères ne se sentent pas coupables ainsi. Certaines sont tout à fait en mesure de profiter de tous les bons moments de leur vie. Que font-elles de différent ? Elles assument leurs choix, et surtout elles les font en fonction de leurs priorités. Elles établissent leur emploi du temps, choisissent leurs activités, leurs loisirs, leurs tâches selon leurs désirs et les planifient de manière équilibrée.

Quand on sait qu'on passera le week-end en famille, il est plus facile de se concentrer sur son travail. Quand on sait qu'on aura du temps pour soi jeudi, on a moins l'impression de se sentir envahie par la vie de famille. Quand on sait qu'on ira prendre un café avec une copine demain matin, on a encore plus envie de profiter d'une soirée de Scrabble en famille.

La culpabilité est un sentiment qu'on se crée quand il y a un décalage entre nos attentes et la réalité. C'est lorsqu'on ne fait pas l'effort de planifier notre temps en fonction de nos priorités qu'une frustration, qui mène bien souvent à la culpabilité, risque de s'installer. Notre culpabilité peut donc devenir un outil qui nous donne des indices sur nos valeurs et nos priorités profondes.

En remarquant les circonstances et les éléments qui nous font nous sentir coupable, nous pouvons en déduire l'importance pour nous dans notre vie. Cela nous permet de faire les correctifs nécessaires pour nous sentir mieux. En réalisant, par exemple, que je me sens régulièrement coupable de ne pas être avec ma famille, je pourrais décider de planifier davantage de temps à passer avec elle. Lorsque, ultérieurement, je me sentirai coupable pour la même raison, je pourrai me rassurer en me rappelant les bons moments passés avec mes proches et me souvenir qu'il y en a d'autres de planifiés bientôt. Une fois rassurée, je serai en mesure de profiter de l'activité à laquelle je suis en train de participer.

> *Une bataille extérieure ne peut jamais être gagnée si vous perdez votre guerre intérieure.*

Ne laissez pas la culpabilité vous nuire et vous empoisonner la vie. Utilisez-la plutôt à votre avantage. En la remplaçant par des sentiments plus positifs, vous serez mieux en mesure d'éliminer le malaise qui vous faisait vous sentir coupable initialement. Ainsi, vous ajouterez automatiquement plus de bonheur à votre vie.

DEUXIÈME PARTIE

Se créer un quotidien heureux

Je partage ici avec vous des idées et des stratégies sur les façons d'aborder les différents aspects de la routine d'une mère de famille. Je vous démontre que la façon dont vous abordez le quotidien exerce une énorme influence sur votre bonheur.

Chapitre 4

Des bases solides

Ce sont souvent les petits gestes du quotidien qui, à long terme, influencent le plus la marche du monde.

Prendre du temps pour soi

Pourquoi ne pas fabriquer du temps pour ce qui rend heureux ?

Il est extrêmement important que vous preniez du temps pour vous. Rappelez-vous, vous êtes la personne la plus importante de votre vie. Prendre du temps pour vous, c'est une façon privilégiée d'ajouter des petits bonheurs bien à vous à votre quotidien. Vous serez plus heureuse parce que vous vous serez fait plaisir. Vous serez mieux disposée à exercer ensuite vos autres rôles de mère, de conjointe, d'amie, de collègue.

Je vais prendre le temps de faire ce que j'aime.

Il ne faut pas vous sentir coupable de prendre du temps pour vous. Ce n'est pas un acte d'égoïsme. Évidemment, vous le faites d'abord pour vous, mais aussi pour tout votre entourage : vos enfants, votre amoureux, vos amis, vos collègues... Vous le faites pour être mieux disposée à passer du bon temps avec eux. Vous ressourcer, vous changer les idées ou refaire le plein d'énergie vous permettra d'apprécier davantage les moments que vous passerez ensuite avec vos proches. Quand on est fatiguée, stressée, déprimée, il est plus difficile d'être patiente, attentionnée et de profiter du moment présent avec ceux qu'on aime.

Il ne faut pas non plus attendre le moment parfait pour prendre du temps pour vous, parce qu'il n'y en a pas. Il faut le faire régulièrement et lorsque le besoin se fait sentir. Souvent, on attend que tout le reste soit terminé pour s'accorder la permission de faire quelque chose pour se faire plaisir. Prendre du temps pour soi, ça ne veut pas dire s'effondrer d'épuisement sur le sofa après avoir passé l'aspirateur, fait la poussière et lavé la salle de bains. On appelle ça se reposer ! Ce dont je parle est différent : il s'agit de s'accorder du temps pour s'offrir un petit plaisir.

Prendre du temps pour soi, c'est planifier une activité qu'on aime vraiment, qui nous fait plaisir, qui nous permet de nous détendre, de nous ressourcer, de faire le vide et de nous changer les idées. Quelle activité, au juste ? Ça dépend de vous. Selon les circonstances et le moment, vous aurez envie de faire des choses différentes.

Vous aurez parfois besoin de peu ou de plus de temps. Vous aurez parfois besoin de faire une activité qui demande de la concentration et qui vous empêche de penser à autre chose. Vous aurez parfois envie de bouger et de refaire le plein d'air frais. Vous aurez d'autres fois envie de vous relaxer et de vous ressourcer en méditant. Ou encore vous aurez le goût de voir vos copines et d'aller là où il y a du monde. Il ne s'agit pas de s'étourdir avec une foule d'activités ; le but premier de cette pause que vous vous accordez est de revenir à l'essentiel pour avoir ensuite envie de vous remettre à vos activités habituelles.

Programmez une heure par jour et utilisez-la seulement pour vous.

Pour vous assurer de prendre du temps pour vous il est bien de prévoir quelques espaces à cet effet dans votre agenda. On le fait pour une entrevue ou un rendez-vous chez le médecin, mais c'est aussi approprié de le faire pour une occupation comme la lecture ou la marche. Voir une activité personnelle inscrite dans votre agenda vous en rappellera l'importance. Cela vous incitera à considérer que ce rendez-vous avec vous-même a la même valeur que les autres. Cela vous rappellera aussi votre engagement à prendre du temps pour vous. Planifier que le mercredi soir est votre soirée *scrapbooking* vous « obligera » à faire cette activité que vous aimez au moins une fois par semaine.

C'est bien d'avoir une passion ou de pratiquer une activité régulièrement, mais on peut aussi avoir de petits passe-temps flexibles. Découvrez ce que vous aimez faire et ces loisirs deviendront pour vous de petits bonheurs. Ayez en tête une liste d'activités que vous aimez pour différentes circonstances. Des choses que vous pouvez faire n'importe où, certaines qui nécessitent plus ou moins de temps, d'autres qui se font à l'extérieur. Voici quelques suggestions pour vous donner des idées ; à vous de trouver ce qui vous convient.

Arts et artisanat

Jouer d'un instrument de musique
Écouter de la musique
Prendre des photos
S'adonner au *scrapbooking*
Peindre (tableaux, tissus, bois, verre)
Dessiner (fusain, feutre, crayon)
Fabriquer des bijoux
Faire de la poterie, de la céramique
Coudre, broder, tricoter

Sports

Marcher, courir
Danser (ballet, jazz, danses latines)
Faire du roller, du vélo
S'entraîner en salle
Faire de l'escalade
Nager
Pratiquer le karaté, le judo, la boxe, le yoga

Sorties

Aller prendre un café
Aller au cinéma
Aller au musée
Aller au théâtre
Aller voir un spectacle (musique, danse, chant, humour)
Suivre des cours
Faire du lèche-vitrines
Aller au salon de coiffure
Faire une promenade
Aller au parc
Aller au spa (massage, soins du visage, pédicure)

Passe-temps

S'installer pour lire (livre, revue, poésie)
Regarder la télévision (film, DVD, biographies, documentaires)
Jouer à des jeux vidéo
Faire des casse-tête
Écrire (journal, pensées, poésie, roman)
Faire des mots croisés
Résoudre des sudokus
Jouer aux cartes
Résoudre des énigmes

Autres activités qui font du bien

Regarder tomber la neige ou la pluie
Boire du thé emmitouflée dans une couverture
Prendre un bain avec de la mousse et des bougies
Admirer le lever ou le coucher du soleil
Regarder les étoiles
Méditer
Se faire bronzer
Se faire masser

Trucs de mamans

Prendre du temps pour soi

Au moins un soir par semaine, une heure avant d'aller au lit, j'arrête toutes mes occupations pour lire. J'ai toujours un bon livre à portée de la main.

Mon conjoint et moi pratiquons chacun une activité sportive une fois par semaine. Il joue au badminton et je suis un cours de danse aérobique. L'un s'occupe des enfants le soir pendant que l'autre s'entraîne.

J'enregistre mon feuilleton préféré tous les jours et je le regarde en rafale une fois par semaine.

Je me suis installé un petit coin peinture où je peins le dimanche après-midi quand mon conjoint va au cinéma avec les enfants. Ils profitent de leur sortie hebdomadaire, et moi j'ai du temps pour peindre.

Pendant ma pause déjeuner, je prends toujours un petit quart d'heure pour résoudre quelques sudokus.

Toute la famille sait que le jeudi soir, c'est ma soirée relaxation. Je prends un bon bain moussant avec bougies et musique douce. Je me fais un masque, me crème le corps... je prends soin de moi.

Tôt le dimanche matin, je vais prendre un café et lire mon journal au restaurant du coin. Je suis de retour à 8 h 30 pour déjeuner avec toute la famille.

J'écoute ma musique préférée en me rendant au travail tous les matins.

Une fois par mois, le troisième vendredi du mois, j'ai un souper avec mes copines. Conjoints et enfants interdits !

Une fois par an, je passe un week-end toute seule dans un spa à me faire dorloter.

Il m'arrive souvent d'aller au cinéma ou au théâtre toute seule.

Le mercredi après-midi, je rends visite aux personnes âgées qui habitent la résidence près de chez moi. On joue aux cartes et on bavarde. Ça me fait du bien de partager mon temps et de me sentir appréciée.

Mon rendez-vous mensuel chez ma coiffeuse est un impératif absolu dans mon agenda. C'est incroyable le bien que ça me fait d'aller papoter et de sortir de là en me sentant belle.

Réflexions écrites

Prendre du temps pour moi

- Quelles sont les activités que je fais ou aimerais faire pour mon simple plaisir personnel ?
- Quels sont les moments propices dans mon quotidien pour prendre du temps pour moi ?
- Quelles occupations moins importantes pour moi pourrais-je délaisser pour faire des choses que j'aime ?
- Quelles sont les ressources dont je dispose pour que quelqu'un s'occupe des enfants pendant que je prends du temps pour moi (conjoint, amie, gardienne...) ?

Donner la priorité au couple[1]

Les adultes sont incroyables : ils feront tout pour leurs enfants, sauf rester mariés avec leur conjoint.

Il y a un vieil adage qui dit : « La meilleure chose qu'un père puisse faire pour ses enfants, c'est d'aimer leur mère. » C'est vrai, mais encore faut-il que la mère puisse être en mesure d'accepter cet amour et surtout d'y répondre.

Avec les obligations quotidiennes, les responsabilités diverses et les enfants dont il faut s'occuper, il arrive souvent qu'une maman néglige le plus grand allié de sa vie, son amoureux. Après la naissance d'un enfant, le temps nous manque : on s'occupe en priorité du bébé et on oublie parfois le père. Sans s'en rendre compte, il peut arriver qu'on s'éloigne de lui. On ne se permet plus aussi souvent de prendre du bon temps en sa compagnie. En femme d'intérieur dévouée, on prend en charge la gestion de la maisonnée sans lui laisser trop de place. Il

Ne vous engagez pas dans l'amour avec de trop grands espoirs, n'espérez que ce que vous avez l'intention de donner.

1. Mères célibataires, attention. Si vous en êtes une et pensez que cette section ne s'adresse pas à vous, lisez-la quand même. Vous aurez l'occasion de rencontrer dans le futur la personne qui deviendra votre partenaire de vie, et vous devrez alors faire un choix judicieux ; vous trouverez peut-être ici des indices pour vous guider dans cette importante décision.

peut même arriver que, par notre attitude et nos commentaires, on le fasse se sentir de trop et inapte.

Notre conjoint, qu'il soit le père de nos enfants ou pas, est celui que nous avons choisi pour être notre partenaire de vie. Tous les deux, nous formons une équipe. Une équipe dans plusieurs domaines, mais avant tout une équipe d'amoureux. La vie occupée et bien remplie que nous menons ne doit pas nous faire négliger d'entretenir notre amour. Aimer et se sentir aimée est une manière unique de mettre du bonheur dans notre vie.

Aimer, c'est le seul moyen d'apprendre à aimer.

Bien souvent, l'amour du couple était là avant les enfants. Aussi est-il important de se rappeler que c'est cet amour qui est à la base de notre vie à deux et qui s'est ensuite transformé en vie de famille. Pour préserver cette vie de famille, vous devez donc d'abord protéger la solidité de votre couple. Si c'est votre volonté sincère à tous les deux, il est possible d'être heureux et de vous aimer pour la vie. Il faut pour cela prendre les moyens de préserver votre amour. Le moyen le plus efficace que je connaisse pour le faire consiste à appliquer les trois règles d'or de toute bonne relation : communiquer, communiquer et communiquer !

Entretenir une bonne communication permet de savoir ce que l'autre pense, ressent ou souhaite, de connaître ses projets, ses ambitions, ses rêves, de respecter ses valeurs, ses priorités, ses opinions. Cela lui permet aussi de reconnaître et de respecter tout cela chez nous.

Entretenir une bonne communication et la complicité dans un couple est un travail journalier. Il faut porter une attention particulière à la qualité de notre quotidien. S'intéresser à l'autre, partager avec lui nos pensées, lui laisser sa place, discuter de notre journée, se répartir les tâches du quotidien, avoir des moments d'intimité, réserver tous les jours du temps pour le couple... Tout ça contribue à créer des liens forts. Toutes les petites attentions comme l'embrasser, lui dire qu'il est un bon père, le remercier d'être là, lui faire un petit clin d'œil, le prendre dans nos bras ou lui dire qu'on l'aime, voilà qui ajoute du bonheur dans vos deux vies. Il y a même des chances pour que cela incite votre conjoint à avoir le même genre d'attentions à votre égard.

Vous n'êtes pas que des parents, vous êtes avant tout un couple. Aussi important que le temps pour soi, le temps pour le couple est primordial. Se permettre de passer du temps en amoureux pour renouer, se réconforter, confirmer notre amour, rire ensemble, se parler, faire des projets est essentiel. Il faut cependant provoquer les rencontres et les bons moments. Ce n'est pas la gardienne qui va vous téléphoner pour vous offrir de sortir !

Sachez entourer votre amour d'éclats de rire et de plaisirs partagés.

Aussitôt qu'ils peuvent le comprendre, vous pouvez dire à vos enfants que leurs parents sont des amoureux. Vous pouvez leur raconter votre vie avant eux et leur montrer des photos. Vous pouvez leur expliquer que c'est votre amour qui les a créés. Vous pouvez aussi leur dire que vous avez besoin de temps ensemble pour continuer de vous aimer, de la même façon qu'ils ont besoin de passer du temps avec vous, eux aussi.

Évidemment, il n'est pas facile d'entretenir le sentiment amoureux tous les jours. Surtout quand presque toutes les situations de la vie quotidienne peuvent mener à des différends. L'éducation des enfants, le planning et le budget ne sont que quelques-uns des éléments qui peuvent créer des tensions dans un couple. Nous n'avons pas toujours la même vision des choses ni la même opinion sur tous les sujets. C'est tout à fait normal qu'il y ait des mésententes dans un couple. Il faut cependant gérer ces divergences avec maturité, sans nuire à nos sentiments amoureux réciproques. Il faut à tout prix éviter les disputes qui font du mal à tout le monde, y compris aux enfants qui, pense-t-on, sont en train de dormir...

Pour favoriser le respect et la bonne entente, il faut bien se connaître. Savoir déceler les moments où l'autre a besoin de notre soutien tout comme ceux où l'on peut s'appuyer sur lui.

Cherchez plutôt les sujets d'entente que les points de désaccord.

C'est un atout d'être capable de décoder le langage non verbal de l'autre. Comme nous ne sommes pas toutes des expertes dans ce domaine, il peut être avantageux pour certains couples de développer un code secret. Cela permet d'échanger de l'information devant les autres sans devoir s'éterniser dans une discussion qui n'a pas sa place. Les codes peuvent être utiles pour dire, par exemple, qu'on n'est pas d'accord mais qu'on en reparlera plus tard, qu'on veut partir ou simplement pour exprimer « je t'aime » en public.

Parfois, on s'aime énormément, mais notre incapacité à gérer certaines situations peut mettre en péril notre vie de couple et de famille. Que ce soit pour obtenir quelques conseils ou pour recoller les pots cassés, l'aide extérieure d'un professionnel de la vie de couple peut alors être un élément essentiel au succès de la poursuite d'une vie à deux. C'est une option qui vaut toujours la peine d'être prise en considération. Personnellement, avoir consulté une thérapeute a sauvé mon couple et l'a rendu plus fort.

Il y a aussi des situations où il n'y a plus rien à recoller. Il est possible de s'être trompée et de ne pas avoir choisi la personne adéquate pour nous. Dans une telle situation, savoir le reconnaître est le premier pas vers plus de bonheur. Il est alors judicieux d'utiliser l'expérience acquise dans cette relation pour faire le bon choix plus tard.

Profitez de vos moments à deux pour faire des projets et pour développer ensemble la vision de votre avenir. Se sentir amoureuse donne de l'énergie, rend plus positive. Entretenez ce sentiment dans votre couple, parce que inévitablement il y aura des moments plus difficiles. Le fait d'être complices et d'avoir de beaux souvenirs en commun vous donnera la force de traverser les épreuves. Il est plus facile de surmonter les épreuves à deux, mais il faut d'abord avoir l'habitude de coopérer l'un avec l'autre dans la vie.

Trucs de mamans

Donner la priorité au couple

Chaque année, nous prenons une semaine de vacances en famille et une autre semaine en amoureux. Chacune de ces deux semaines est sacrée.

Nous ne quittons jamais la maison le matin sans nous être embrassés.

Tous les soirs, quand les enfants sont couchés, nous nous asseyons ensemble dans le salon pour discuter de notre journée.

Nous nous disons que nous nous aimons tous les jours.

Deux fois par mois, les lundis soir, mon conjoint et moi allons dîner à l'extérieur. C'est toujours très simple et pas cher ; l'important, c'est de pouvoir discuter tranquillement.

Je porte de la lingerie séduisante et confortable qui plaît à mon conjoint et ça me fait me sentir belle.

Souvent, les enfants vont dormir chez ma belle-mère. Cela nous permet d'avoir un petit dîner en amoureux, une soirée romantique et une grasse matinée le lendemain.

De temps en temps, je cache des petits mots doux dans les affaires de mon mari (dans ses tiroirs, sa voiture, son manteau, son portefeuille...).

Nous nous donnons parfois rendez-vous pendant notre heure de déjeuner.

Nous adorons tous les deux faire de la raquette. Nous en faisons en famille, mais il nous arrive aussi de faire garder les enfants et d'en faire en amoureux.

Notre chambre à coucher est interdite à nos enfants. Nous leur avons expliqué que c'est notre endroit pour nous retrouver entre adultes.

Nous regardons des films régulièrement tous les deux. C'est une occasion parfaite pour nous étreindre et nous faire des câlins.

À l'occasion, j'offre un week-end pour lui à mon conjoint. Je pars chez ma mère avec les enfants pour deux jours. Même si elle habite à 15 minutes de chez nous, tout le monde trouve ça super. Les enfants font un petit voyage, ma mère a de la visite et mon conjoint en profite pour se relaxer tout seul à la maison.

Nous célébrons toujours à deux nos anniversaires de rencontre, de mariage, de naissance ainsi que la Saint-Valentin.

Même lorsque nous ne travaillons pas et que nous n'avons pas à sortir, nous prenons soin de notre apparence pour plaire à l'autre.

Nous avons régulièrement l'un pour l'autre de petites attentions, comme préparer son café, lui faire couler un bain, lui faire un massage...

Mon conjoint m'a initiée aux jeux vidéo. Il nous arrive régulièrement de jouer ensemble toute une soirée.

Toutes les semaines, nous regardons notre émission préférée ensemble. Si l'un de nous a un empêchement, on l'enregistre. On n'a pas le droit de la regarder sans l'autre.

Réflexions écrites

Je donne la priorité à mon couple

- Quelles sont les activités que je fais ou aimerais faire pour entretenir l'amour dans mon couple ?
- Quelles sont les activités que mon conjoint aimerait que je fasse pour entretenir l'amour dans notre couple ?
- Quels sont les moments propices dans notre planning pour passer du temps de qualité en couple ?
- Quelles activités moins importantes pour moi pourrais-je délaisser pour me permettre de passer plus de temps de qualité avec mon conjoint ?
- Quelles sont les ressources dont nous disposons pour que quelqu'un s'occupe des enfants pendant que nous passons du temps de qualité en couple (famille, amie, baby-sitter, etc.) ?

Faire de la place aux enfants

Mettez tout en œuvre pour créer un foyer paisible et harmonieux.

Les enfants ne choisissent pas de venir au monde. Ils sont là parce que vous l'avez choisi. Ils vous aiment inconditionnellement parce que vous êtes leur maman. Vous êtes la personne la plus proche d'eux et celle qui peut les aimer comme seule une mère peut aimer ses enfants. Quand vous avez un enfant, vous avez une source de bonheur infinie dans votre vie. Et vous pouvez aussi décider d'être une source de bonheur infinie pour lui.

Vous pensez peut-être qu'il faut vivre dans un monde irréel pour pouvoir vivre du bonheur tous les jours en famille. Vous vous dites peut-être que vos enfants sont tellement difficiles, turbulents et indisciplinés qu'il est pratiquement impossible d'avoir un quotidien facile et agréable avec eux. Attention de ne pas leur faire assumer une trop grande part de responsabilité dans cette situation. Il y a des jours où les enfants sont plus énervés et ils ont besoin de discipline, c'est vrai. Mais très souvent les enfants turbulents ne font qu'essayer d'attirer notre attention.

Les enfants qui méritent le moins notre amour sont ceux qui en ont le plus besoin.

Pour faciliter un quotidien satisfaisant pour toute la famille, c'est votre responsabilité en tant que parent de toujours garder en tête les besoins de vos enfants. Bien plus que des jouets, des DVD, des cadeaux ou des vêtements à la dernière mode, ils ont un besoin de vous inconditionnel. Ils ont besoin de savoir que vous les aimez, ils ont besoin de votre attention, de la sécurité qu'apporte la routine, bref, de savoir que vous êtes toujours là pour eux.

Les enfants sont souvent bousculés par nos obligations d'adultes. Ils sont coincés malgré eux dans notre « métro, boulot, dodo ». Il peut y avoir des jours où ils en ont assez. Ils ne savent pas encore communiquer comme des adultes. C'est donc par leur humeur, leur tristesse, leurs colères ou leur désobéissance qu'on peut déchiffrer ce qu'ils essaient de nous dire. Crier, bouger, ne pas obéir sont pour les enfants des façons de nous envoyer un message. Bien souvent, ce message est : « J'existe, maman ! J'ai besoin de toi ! Occupe-toi de moi ! »

Les enfants sont habituellement plus gentils et obéissants quand ils ont reçu l'attention dont ils ont besoin. Ils se sentent sécurisés par le fait que leur besoin d'attention est comblé. Ils ont envie de faire plaisir à leur maman et sont ravis qu'elle soit fière d'eux. Si, en étant gentils, ils ne reçoivent pas l'attention dont ils ont tant besoin, ils doivent alors trouver une autre façon d'attirer notre attention. Assurez-vous d'être attentive à chacun de vos enfants tous les jours. Prenez toujours le temps d'écouter quand un de vos enfants a besoin de vous exprimer quelque chose. Si ce n'est pas un bon moment pour vous, il faut le lui dire, puis convenir d'un autre moment et, bien sûr, ne pas l'oublier.

Promettez seulement ce que vous pouvez donner. Puis donnez plus que vous avez promis.

Démontrez quotidiennement à chacun de vos enfants l'amour que vous avez pour eux. Vos enfants doivent savoir à tout moment que vous les aimez sincèrement. C'est, entre autres, très important pour développer leur estime personnelle. Vous pouvez le faire simplement en leur disant que vous les aimez, en les embrassant, en les cajolant, mais surtout en passant du temps de qualité avec eux. Il ne s'agit pas de partager leurs jeux à tout moment. De toute façon, ils ont également besoin d'être seuls pour devenir indépendants. Il faut simplement s'assurer d'avoir quelques moments privilégiés dans une journée avec chacun d'eux.

Je vous ai déjà parlé dans les pages précédentes de l'importance du moment présent. Vous comprendrez alors que vivre le moment présent avec vos enfants remplira vos journées de petits plaisirs et leurs têtes de beaux souvenirs. Prenez plaisir à participer à leur enfance. Écoutez-les, discutez avec eux, racontez-leur des histoires ou laissez-les vous en raconter, jouez à ce dont ils ont envie, laissez-les vous aider et participer à la vie de famille. Certaines mères pensent qu'elles doivent passer chaque moment avec leur enfant à l'éduquer et à lui enseigner des choses ; mais ici je parle d'avoir simplement du plaisir et de s'amuser ensemble.

Assurez-vous que vos enfants soient témoins de l'amour de votre couple. Organisez du temps en famille régulièrement. Le fait de passer fréquemment des moments agréables ensemble créera des liens entre vous et vos enfants, mais aussi entre eux. Les liens familiaux, tout comme l'amitié et l'amour, doivent être entretenus pour durer. Il n'est pas nécessaire de dépenser pour des sorties coûteuses. On peut simplement prendre les repas en famille, pique-niquer, jouer au parc, marcher en forêt, dormir sur le balcon, faire un bonhomme de neige, jouer à des jeux de société, construire une cabane avec des couvertures et des coussins, préparer des gâteaux...

Si contradictoire que cela puisse paraître, il ne faut pas non plus s'obliger à passer du temps avec nos enfants quand on n'en a pas envie. Les enfants ne comprennent pas tout, mais ils ressentent beaucoup les émotions. « Parce qu'il le faut » ne devrait jamais être la motivation principale pour vous intéresser à vos enfants. La première raison pour laquelle vous voulez passer du temps avec vos enfants devrait être que vous les aimez et que cela vous fait du bien à vous aussi d'être avec eux.

Il est aussi essentiel de laisser vos enfants être des enfants. Ils ont droit eux aussi à leurs petits plaisirs de la vie. S'ils aiment regarder la pluie tomber et rêver les yeux ouverts, laissez-les faire. Il ne faut pas les obliger à toujours faire quelque chose. Nous cherchons nous-même l'équilibre dans notre vie. Pourquoi ne pas aider nos enfants à l'atteindre ? Est-ce vraiment nécessaire pour eux de jouer dans trois équipes de sport, de suivre des cours de piano et de faire de la danse ? Limitez le stress dans leur vie, ils en ont bien assez dans ce monde de performance et de vitesse. Il ne faut pas non plus en rajouter en les pressant pour s'habiller, pour partir, pour revenir. Planifiez l'horaire de façon à avoir le temps de ne pas les presser. Souvenez-vous que lorsqu'on a 4 ans, mettre ses bottes est plus long que pour une maman.

Pour un enfant, la journée est réussie quand son pantalon est bien sali aux genoux.

Respectez aussi le rythme d'apprentissage de vos enfants ; il ne faut pas leur ajouter de pression inutile en leur en demandant trop. Il ne faut pas être trop exigeante envers eux. Ajustez vos exigences selon leur âge et leurs capacités. Est-ce vraiment grave si votre petit de 3 ans ne mange pas bien avec ses couverts ? S'il est poli, calme, et qu'il mange sans faire de crise, la technique viendra. Est-ce que ça vaut la peine d'attrister votre enfant s'il a choisi des vêtements qui ne vont pas bien ensemble ? Ce n'est pas dangereux qu'il porte un chandail rouge et jaune avec un pantalon bleu et vert à carreaux. Ne lui gâchez pas son plaisir de porter les vêtements qu'il a lui-même choisis. Souvenez-vous qu'un enfant, ce n'est qu'un enfant !

Cela me rappelle une anecdote avec mon aîné. Quand il avait environ 2 ans, je m'étais impatientée et lui avais dit d'un ton sec : « Dis donc ! Es-tu un bébé, toi ? » Il n'avait pas bougé, ni dit un mot, mais il m'avait regardée avec ses grands yeux bruns d'un air qui semblait dire : « Ben voyons, c'est évident que je suis un bébé ! » J'ai réalisé à cet instant que mes attentes ne correspondaient pas à ce qu'un petit garçon de 2 ans pouvait faire. Le fait d'avoir déjà un autre bébé plus jeune que lui ne signifiait pas que mon aîné avait grandi plus vite.

Nous avons voulu avoir des enfants et nous avons la chance que notre désir se soit réalisé. Avoir des enfants change notre vie pour toujours. C'est à nous d'agir de manière que ce soit pour le meilleur, pour nous bien sûr et surtout pour eux !

Trucs de mamans

Faire de la place aux enfants

Je profite du temps passé en voiture avec mon fils en revenant à la maison pour qu'il me raconte sa journée ; nous chantons aussi des chansons et des comptines.

Nous essayons de prendre tous nos dîners en famille et nous en profitons pour discuter. Je m'assure discrètement que tous prennent la parole.

Tous les soirs avant le coucher, je lis une histoire à mes enfants.

La première chose qu'on fait au retour de la garderie, c'est une partie de « chatouilles ». On se dit qu'on s'est manqué et qu'on s'aime. Ensuite, je peux commencer à préparer mon dîner tranquillement pendant que les enfants regardent la télévision.

Chaque semaine, je fais les courses avec un enfant différent. C'est chacun son tour d'avoir cette sortie privilégiée avec moi.

Plusieurs fois par jour, je dis à mes enfants que je les aime, je les prends dans mes bras ou leur fais une caresse.

Je profite de la sieste des plus jeunes pour discuter avec mon aînée. Elle adore que je la traite comme une grande.

Le dimanche, c'est notre matin en famille. On reste en pyjama jusqu'à midi et on joue à ce à quoi les enfants veulent jouer.

Tous les soirs, je borde mes enfants en leur faisant un câlin et en les embrassant.

L'achat des fournitures et des vêtements pour le début de l'année scolaire devient un moment privilégié passé avec mes enfants. Je consacre une demi-journée à chacun d'eux.

Je prends régulièrement le temps d'écouter ce qu'ont à dire mes enfants. Leurs propos sont bien plus intéressants et pertinents qu'ils n'en en ont l'air.

Quand mes enfants souhaitent m'inclure dans leurs jeux d'enfants, je participe toujours avec enthousiasme.

Réflexions écrites

Faire de la place à mes enfants

- Quelles sont les activités que je fais ou aimerais faire avec mes enfants ?
- Quelles sont les activités que mes enfants aimeraient que je fasse avec eux ?
- Quelles petites attentions pourrais-je avoir envers chacun de mes enfants ?
- Quels sont les petits plaisirs qu'apprécie chacun de mes enfants ?

Éduquer ses enfants avec constance

Les enfants apprennent beaucoup plus des adultes en les regardant vivre qu'en les écoutant parler.

Je ne vous dirai pas ici comment élever vos enfants. Comme je l'ai mentionné précédemment, nous avons toutes des valeurs et des priorités différentes, et c'est encore plus vrai au sujet de l'éducation des enfants. Je vais plutôt proposer des principes généraux qui vous aideront à éduquer vos enfants selon votre propre jugement.

En discutant avec d'autres mères, j'ai réalisé que peu importent les techniques utilisées, la seule règle absolue à respecter au sujet de la discipline est la *constance*. Effectivement, quelles que soient les règles de la maison, elles doivent toujours être appliquées de la même façon. Les enfants ont besoin de balises claires.

La meilleure manière dont on a su m'illustrer l'importance d'être constante dans l'application des règles, c'est en faisant une comparaison avec la conduite automobile sur l'autoroute. Imaginez que les limites de vitesse ne soient jamais les mêmes et que chaque policier ait l'autorité de donner des contraventions du montant de son choix. Imaginez combien cette situation serait stressante pour vous en tant que conductrice. Vous ne sauriez jamais à quelle vitesse vous avez le droit de rouler. Vous pourriez passer devant un policier à 150 km/h sans vous faire

L'éducation des enfants est un métier où il faut savoir perdre son temps pour en gagner.

arrêter et le lendemain recevoir une contravention 250 euros pour avoir roulé à 50 km/h.

Étant donné que les règles ne seraient pas claires, vous n'auriez pas d'autre choix que de prendre des risques. Vous contesteriez vigoureusement lorsque la contravention vous semblerait déraisonnable. Ce serait très insécurisant et vous vous poseriez des questions à tout moment : « Est-ce que je vais assez vite ou beaucoup trop vite ? Est-ce que la police va m'arrêter ? Est-ce qu'on va confisquer ma voiture ou me donner un simple avertissement ? » Vous voyez ? C'est le même genre de questionnement qui traverse l'esprit de votre enfant quand vous ne respectez pas avec rigueur l'application de vos règles.

Il est plus facile de comprendre maintenant comment se sentent certains enfants dont les parents n'appliquent pas des règles de manière constante. Le manque de constance les empêche d'apprendre à distinguer les bons comportements des mauvais. Ces enfants peuvent penser que quelque chose n'est pas bien, mais comme il n'y a pas eu de conséquence la dernière fois, ils n'en sont plus certains. Ils se risquent alors à commettre une mauvaise action.

Lorsqu'il y a toujours une conséquence quand les enfants désobéissent et que les règles sont suivies de près, les enfants comprennent plus rapidement quels comportements ils doivent éviter. Pour faciliter l'apprentissage du respect des règlements, il est préférable d'établir des règles simples, claires et peu nombreuses. Une fois que celles-ci sont bien implantées et respectées, il est possible d'en ajouter de nouvelles.

Lorsque vous donnez suite à une mauvaise action, il y a quelques détails importants à respecter. Il faut d'abord avertir l'enfant qu'il y aura une conséquence et ce en quoi elle consistera. Deuxièmement, il faut la choisir en lien avec la faute commise. Par exemple, si votre enfant a dessiné sur les murs du salon, il comprendra mieux la portée de son geste si vous le privez de ses crayons que si vous le privez de dessert. Il faut aussi choisir une sanction que nous-même sommes prête à accepter. Si l'on menace l'enfant de ne pas aller dîner chez grand-maman, il faut être prête à rester avec lui à la maison et risquer de décevoir toute la famille. Mieux vaut décider de le priver d'un jouet ou d'un privilège qui n'implique que lui. Finalement, il faut tenir parole et appliquer la punition. À long terme, cela contribuera aussi à consolider la confiance de vos enfants en vous. Ils sauront que vous tenez parole et dites la vérité.

Parallèlement aux sanctions concernant ses fautes, il est essentiel d'utiliser aussi le renforcement positif lorsque l'enfant a un comportement conforme à nos attentes. Il faut le féliciter et lui dire qu'on a remarqué sa bonne conduite. Notre encouragement peut être verbal, mais on peut aussi lui communiquer notre satisfaction en lui caressant les cheveux, en lui tapant l'épaule ou en lui faisant un clin d'œil. Ces petits gestes contribueront à aider l'enfant à reconnaître les bons comportements qu'il doit adopter.

Pour élever un enfant dans la bonne direction, marche toi-même dans ce sens de temps en temps.

Implanter une routine est également très important pour les enfants. Cela leur apporte une stabilité sécurisante. Surtout très jeunes, ils ont besoin de savoir ce qui les attend, qu'après le dîner ils joueront un peu, prendront leur bain, se feront raconter une histoire et iront au lit. Cette routine les rassure beaucoup. Ainsi, si vous prévoyez quoi que ce soit qui sort de l'ordinaire, une sortie ou recevoir des invités par exemple, il est essentiel de les y préparer en les avisant à l'avance, par exemple, de la venue d'un invité. Il est même possible qu'ils aient des interrogations auxquelles vous pourrez répondre à ce moment. Cela vous évitera peut-être de faire face à des questions embarrassantes lors de la visite.

De la même façon, si vous devez sortir faire des courses, n'interrompez pas leur jeu. Avertissez plutôt quelques minutes avant de partir : « Bientôt, il faudra aller au supermarché ensemble. Tu peux jouer encore cinq minutes, mais quand la grande aiguille sera à 4, on va devoir s'habiller et partir. » C'est très frustrant et déstabilisant de s'entendre dire : « Lâche tout, on va au supermarché. » C'est beaucoup moins stressant et angoissant de savoir ce qui nous attend et aussi beaucoup moins désagréable que de se faire interrompre quand on est très occupé, même à jouer. N'oubliez pas que jouer, pour un enfant, c'est son travail.

Par ailleurs, on ne peut parler de routine sans aborder le sommeil des enfants. Il est essentiel, pour avoir du bonheur dans une maison, que les enfants dorment bien. Tout le monde sait que les enfants ont besoin de beaucoup plus de repos que nous. Malgré cela, encore une fois en raison des horaires chargés et des responsabilités diverses de leurs parents, certains enfants se couchent trop tard par rapport à l'heure à laquelle ils doivent se lever. Si le temps manque, le sommeil des enfants ne devrait jamais en pâtir.

La bonne humeur et la patience des enfants sont proportionnelles aux heures de sommeil qu'ils ont eues. Un enfant bien reposé est plus joyeux et moins grincheux. En observant vos enfants, vous pouvez juger vous-même de la quantité de sommeil nécessaire à leur bonne humeur. Vous pouvez vous assurer ensuite qu'ils obtiennent le repos dont ils ont besoin et non pas le nombre d'heures qui convient aux activités de la maisonnée !

Un autre point extrêmement important que certaines mères semblent souvent oublier, c'est qu'un enfant a deux parents : une mère et un père. Ce sont deux personnes distinctes dans la vie de vos enfants, parce qu'ils n'ont pas besoin de deux mères ! Il est important de laisser la place qui lui revient au père de famille. Celui-ci a des façons de faire différentes de celles de la mère, et c'est tant mieux. Faites confiance à votre conjoint. Mon mari ne donne pas le bain à ma manière, mais ce n'est pas grave, les enfants sont propres en sortant. C'est le but qu'on recherche quand on leur donne un bain. Dites-vous aussi qu'à ses yeux votre façon de faire n'est sans doute pas la meilleure non plus !

L'idéal, c'est que les conjoints s'entendent à l'avance sur les règlements de la maison, l'éducation, la discipline, leurs rôles respectifs et autres sujets épineux... Il peut y avoir quelques divergences d'opinions, mais c'est en discutant et en gardant l'esprit ouvert que vous trouverez le code de famille qui vous convient. C'est à deux qu'on s'entend, en respectant les valeurs et les principes de chacun.

Comme je vous l'expliquais plus haut, les parents forment une équipe. Cette équipe doit être unie et suivre le même plan de match. C'est essentiel, en particulier pour ce qui a trait à l'éducation des enfants. Quand les règles sont établies, il est ensuite plus facile d'être des alliés face à eux. Cela assure la constance et l'équilibre dont les enfants ont tant besoin pour être heureux et vous permettre de l'être aussi.

Trucs de mamans

Éduquer les enfants avec constance

Le matin, pour faciliter le réveil, j'explique à mes enfants que si c'est trop difficile de se lever, cela signifie qu'ils manquent de sommeil. Ils devront donc aller se coucher

30 minutes plus tôt ce soir-là. En général, ils ne traînent pas au lit bien longtemps.

Dans notre famille, chacun a ses propres responsabilités. Selon leur âge, mes enfants rangent leurs jouets et leurs vêtements ou participent aux tâches ménagères.

Si mes enfants ne jouent pas de la bonne façon avec un jouet (lancer un ballon dans la maison, faire rouler des voitures sur l'écran de la télé...), le jouet en question est confisqué.

Mes enfants ont participé avec nous à l'élaboration des règlements de la maison.

Lorsqu'une nouvelle consigne est instaurée chez nous, nous utilisons souvent un tableau où le respect de cette nouvelle consigne est récompensé par des autocollants. Bien sûr, lorsque le tableau est complet, l'enfant mérite une récompense.

Au lieu de récompenser mes enfants avec des cadeaux, je leur offre des privilèges qu'ils apprécient : choisir le menu, décider d'une activité (se baigner, jouer au cerf-volant...).

Si je me suis emportée, je m'assure de réconforter mon enfant plus tard. Je lui explique que même si je suis parfois en colère, je l'aime quand même.

Quand je donne un avertissement à mon enfant, je lui laisse un moment de réflexion pour qu'il choisisse ou non de modifier son comportement. Je compte jusqu'à 3, et s'il n'a pas répondu à ma demande de façon adéquate, j'applique la sanction annoncée.

Très tôt, j'ai habitué mes enfants à dormir malgré le bruit. Je laissais la télévision allumée ou la radio en marche. Maintenant, plus vieux, ils sont capables de s'endormir même si la soirée est bruyante.

Mon mari et moi partageons les responsabilités. Pour éviter les conflits, nous avons convenu de ne pas intervenir dans ce que l'autre est en train de faire. Par exemple, si l'un de nous prépare le dîner, l'autre peut lui offrir de l'aide, mais sans s'ingérer dans sa façon de faire.

Je disais déjà à mon petit bébé : « Maman va ranger les cubes avant de sortir les animaux. » Il a très vite voulu faire comme moi.

Je remercie toujours mes enfants quand ils m'aident ; je leur témoigne ainsi ma gratitude et leur donne un exemple du respect et des bonnes manières.

J'essaie d'exprimer mes attentes d'une façon adaptée à l'âge de mes enfants ; ils n'ont pas la même compréhension des choses selon leur âge.

Quand un enfant n'a pas bien agi, je l'aide à trouver une autre façon de se conduire plus appropriée au cas où une situation semblable se reproduirait dans le futur.

Réflexions écrites

Éduquer mes enfants avec constance

- Est-ce que mon conjoint et moi avons la même vision de l'éducation de nos enfants ?
- Quels sont les trucs ou techniques que j'applique ou aimerais appliquer dans l'éducation de mes enfants ?
- Quels sont les éléments qui représentent les plus grands défis pour moi dans l'éducation de mes enfants ?
- Quelles sont les ressources que je pourrais utiliser pour m'aider et me guider dans l'éducation de mes enfants (livres, PMI, etc.) ?

Entretenir de bonnes relations

Le bonheur est contagieux : attention à vos fréquentations.

En parlant du couple et des enfants, je vous ai donné des trucs pour entretenir de bonnes relations avec votre famille proche. Comme votre entourage est composé de beaucoup d'autres personnes, bien des gens sont aussi susceptibles de participer à votre bonheur. Il faut donc entretenir de bonnes relations avec ceux qui enrichissent votre vie. Pouvoir se confier, discuter, demander un avis, rire et s'amuser avec différents proches fait du bien. De la même façon, écouter, réconforter, encourager, donner son avis et être là pour les autres fait du bien aussi. Ce sont d'autres façons d'ajouter du bonheur à la vie.

Notre famille élargie, nos amies, nos collègues, nos voisins et nos autres connaissances peuvent nous apporter énormément. Cependant, tous ne devraient pas avoir la même importance dans notre vie. Pour certaines personnes, on sera prête à rendre service, à faire des compromis et des sacrifices. Pour d'autres, cela devrait être moins évident. On doit se poser des questions avant de charger notre quotidien avec les demandes des autres. Parce que le temps qu'on accorde aux priorités des autres est du temps qu'on n'a plus pour ses propres priorités.

Vos vieux amis sont-ils ceux que vous préférez ou juste ceux que vous avez rencontrés en premier ?

C'est à nous de choisir la place que nous laissons à tous ceux qui font partie de notre existence. Évidemment, le rôle qu'une personne joue dans notre vie influence le niveau de priorité que nous voulons lui accorder. Un autre facteur essentiel à considérer pour déterminer la place que nous voulons accorder à l'autre est le degré de bonheur qu'il nous apporte. Une personne positive et dynamique avec qui nous passons toujours des moments agréables devrait occuper une plus grande place dans notre vie qu'une personne négative qui pompe toute notre énergie.

Comprenez-moi bien, il ne s'agit pas de négliger les personnes qui sont déprimées momentanément et qui ont besoin d'une oreille attentive et de soutien moral. Tout le monde, à un moment ou à un autre de sa vie, a besoin de réconfort et d'encouragements. Il faut seulement être vigilante et savoir se protéger des individus qui pourraient avoir un impact négatif dans notre vie. Il y a des gens qui, sans nécessairement s'en rendre compte, peuvent nuire à notre bonheur. Ces personnes sont manipulatrices, abusives, autoritaires, voleuses d'énergie... C'est notre responsabilité d'apprendre à les reconnaître, de choisir si nous leur accordons ou non une place dans notre vie et ce que sera cette place.

Parmi les relations que nous devons entretenir, il y a d'abord notre famille élargie et celle de notre conjoint : nos parents, nos frères et nos sœurs, nos grands-parents, nos oncles et nos tantes, nos cousins et nos cousines... Nous avons un lien unique et privilégié avec tous ces gens. On peut se faire de nouveaux amis, mais on ne peut pas se faire une nouvelle sœur... Notre famille fera toujours partie de notre vie, même si nous ne la côtoyons pas. Nous avons des sentiments envers notre famille (positifs ou négatifs) que nous ne ressentirons jamais pour d'autres personnes.

Pour certaines, fréquenter la famille apporte plus d'éléments négatifs que positifs dans leur vie et nuit à leur bonheur. Parfois, le malaise qui existe dans une famille ne peut pas être réparé et il vaut mieux éviter les contacts désagréables. Dans d'autres cas, il est possible de rétablir l'entente avec de la bonne volonté et les efforts de chacun. Les rapports froids peuvent alors se transformer en relations enrichissantes.

Ne laissez rien enfoui en vous. Partagez vos peines et vos joies avec les autres.

Lorsque les relations sont bonnes, être proche de notre famille peut contribuer à nous apporter beaucoup de bonheur. Ça fait du bien de nous garder au courant de ce qui se passe dans nos vies respectives, de partager nos succès et nos déceptions avec des personnes qui nous connaissent depuis toujours, de nous rappeler nos souvenirs de jeunesse et de nous en créer d'autres pour l'avenir. Le fait de savoir que notre famille est là pour nous et qu'on est là pour elle est rassurant. Notre famille fait et fera toujours partie de notre existence.

Les amitiés sont aussi des relations qui peuvent apporter beaucoup. Elles sont précieuses parce qu'elles nous procurent quelque chose de différent des liens familiaux. Nous avons toutes besoin d'une personne à qui nous pouvons tout dire, même ce qui ne se dit pas. Nous voulons pouvoir confier nos plus grands secrets à quelqu'un qui les respectera. L'amitié est basée sur une confiance mutuelle. Une vraie amie, c'est quelqu'un à qui nous pouvons tout dire et qui ne nous juge pas ; c'est aussi quelqu'un que nous écoutons tout nous dire et que nous ne jugeons pas. Elle nous apporte une vision et un point de vue différents qui nous font réfléchir et évoluer. L'amitié, c'est de l'entraide et du soutien, du réconfort et des encouragements, sans les bagages de famille.

Une grande amitié pleine de complicité prend du temps à se développer. La plupart des gens peuvent compter leurs vrais amis sur les doigts d'une main. Comme toute relation, l'amitié doit être entretenue pour ne pas s'éteindre. Bien sûr, il y a des amitiés de jeunesse qui ne traverseront pas les années. Il y a des amitiés passagères qui correspondent à une période précise de notre vie. Il faut accepter que certaines personnes ne fassent que passer dans notre existence. Il y a aussi de longues et solides amitiés qui peuvent durer toute la vie si les amies le choisissent.

Pour conserver nos amitiés précieuses, il faut choisir de faire ce qu'il faut pour les protéger et les faire durer. Nous devons aussi être capables de donner la priorité à celles qui nous apportent le plus. Nous voulons toutes avoir des tas d'amies, mais il arrive souvent qu'avec le nombre la qualité diminue. Le quotidien surchargé et les responsabilités grandissantes s'imposant, il est difficile de rester proche d'un grand nombre de personnes à la fois. Nous devons préserver les vraies amitiés et nous méfier des fausses, c'est-à-dire celles qui tirent avantage de nous et ne nous apportent rien de positif.

Nous côtoyons aussi dans notre quotidien bien d'autres personnes. Ces connaissances, nous les voyons fréquemment au travail, à la gym, dans le voisinage, etc. Nous les croisons régulièrement et pouvons passer beaucoup de temps avec elles. Elles contribuent à rendre notre quotidien plus agréable. C'est beaucoup plus plaisant d'aller au cours de hockey des enfants quand on a le plaisir d'y rencontrer d'autres parents intéressants.

Développer un bon réseau relationnel autour de nos activités les rend plus agréables. Ces personnes sont une valeur ajoutée à notre vie courante. Il faut toutefois être prudente parce qu'on ne connaît souvent qu'un seul aspect de leur personnalité. Ces connaissances sont idéales pour discuter de la pluie et du beau temps, pour blaguer et rire dans le cadre de nos activités. Toutefois, il est préférable d'éviter les confidences et les conversations trop personnelles avec des personnes rencontrées récemment dont on ne connaît pratiquement rien. Il peut arriver que certaines d'entre elles aient le potentiel pour devenir de bonnes amies, mais certainement pas toutes. Encore une fois, avant de laisser entrer quelqu'un dans notre vie privée, il faut être très vigilante et savoir choisir les bonnes personnes.

Dans toutes vos relations, il faut savoir ce que vous voulez. Il faut connaître vos attentes et vos capacités à rencontrer celles des autres. Vous devez savoir de combien de temps et d'énergie vous disposez pour les entretenir. Pour être bien entourée et vivre des relations riches et agréables, il faut préférer les personnes qui sont les plus importantes dans votre vie et que vous aimez le plus. Il faut être capable de choisir les invitations qui ajoutent du positif à votre vie, mais aussi prendre des initiatives et savoir provoquer les situations. Si vous avez envie de passer du temps avec quelqu'un, faites l'invitation. Il est possible que cela ne fonctionne pas, mais il est fort possible que vous passiez un moment agréable. Votre hésitation pourrait vous faire passer à côté d'une belle rencontre.

Agissez de sorte que vos amis ne le regrettent pas et que vos ennemis ne s'en réjouissent pas.

Quand on sait quelles relations nous voulons protéger, il est judicieux d'instaurer une routine ou un rituel pour garder un contact privilégié avec ces personnes. Afin de ne pas perdre le contact malgré la vie quotidienne, il faut prévoir et planifier des rencontres et des communications régulières. Par exemple, on se rencontre le troisième vendredi de chaque mois pour dîner au resto, on se parle une fois par semaine au téléphone le mercredi vers 21 heures, on s'entraîne les lundis ensemble, on se rencontre à l'heure du déjeuner les mardis...

Ça fait du bien d'être avec des gens qu'on aime et on leur fait du bien aussi. Les rencontrer, c'est s'offrir et leur offrir de beaux moments de plaisir qui deviendront par la suite de beaux souvenirs. Donner la priorité aux relations avec les bonnes personnes vous apportera encore plus de bonheur.

Trucs de mamans

Entretenir de bonnes relations

Comme ma sœur habite loin de chez moi, je l'appelle tous les dimanches soir pour prendre de ses nouvelles et lui raconter ma semaine.

J'envoie des cartes de Noël à ma famille et à mes amis. J'en profite pour leur dire combien ils sont importants pour moi.

Une fois par mois, nous nous rencontrons ma meilleure copine et moi pour prendre un café. On en profite pour jaser et se confier.

Mon conjoint et moi adorons recevoir et nous invitons régulièrement des amis à dîner.

Je me fais un devoir de téléphoner à tous les membres de ma famille le jour de leur anniversaire.

Je souris toujours à mes voisins en les saluant. J'entretiens avec eux des relations cordiales.

Depuis que je suis toute petite, nous partons pour des week-ends pêche avec mes parents, mes frères et ma sœur. Nos conjoints et nos enfants ne sont pas invités à cette activité.

Je passe beaucoup de temps avec ma mère. On fait régulièrement nos courses ensemble. Elle vient souvent manger à la maison et en profite pour passer du temps avec les enfants.

J'apporte toujours un thermos de café et des muffins que je partage avec les autres parents qui assistent à l'entraînement de patinage artistique.

Une fois par an, mes copines du secondaire et moi passons un week-end au spa. Cela nous permet de nous remémorer nos bons souvenirs de jeunesse.

Chaque début de saison, mes copines et moi avons besoin d'une séance de lèche-vitrines dans les grands magasins.

Comme nous avons déménagé, de temps en temps nos amis qui habitent loin viennent passer le week-end à la maison.

Mon père est notre homme à tout faire. Quand on a un problème de plomberie, de chauffage ou que la tondeuse ne démarre pas, c'est toujours lui qu'on appelle en premier.

J'ai une amie avec qui je ne parle qu'au téléphone. On se voit rarement, mais on peut parler pendant des heures.

Lorsque j'aborde un nouveau groupe de personnes (réunion, formation, cours...), je m'efforce de rencontrer tout le monde et de me présenter.

Réflexions écrites

Entretenir mes bonnes relations

- Qui sont les personnes les plus importantes pour moi ?
- Avec qui est-ce que je passe le plus de temps ?
- Est-ce qu'il y a des relations avec certaines personnes qui devraient être améliorées ?
- Quelles sont les activités que je fais ou aimerais faire pour améliorer mes relations avec les autres ?

Apprécier son travail

Le travail est léger là où le bonheur paie le salaire.

Que notre occupation principale dans la vie soit d'éduquer nos enfants, de planifier des campagnes de publicité, de servir des repas, de vendre des bijoux, de prendre soin des malades ou de boucler des budgets, on passe la plus grande partie de notre temps à le faire. Alors, autant que ce soit le plus agréable possible afin d'en retirer le plus de bonheur possible.

Bien sûr, il faut gagner sa vie. La majorité d'entre nous travaille avant tout pour payer ses factures, mais dans notre travail nous recherchons toutes quelque chose de plus qu'un simple salaire. On veut se sentir valorisée par ce qu'on fait. On veut en retirer de la satisfaction et de la fierté. On souhaite apprendre et développer de nouvelles compétences. On veut utiliser nos talents et en développer d'autres. Indépendamment de nos tâches et de nos responsabilités, ce qui compte c'est comment nous nous sentons quand nous le faisons.

Pariez sur le bonheur, vous gagnerez votre vie.

Lorsqu'on choisit un emploi, il faut d'abord le faire selon nos goûts et notre personnalité. Aimons-nous travailler de nos mains ou nous creuser les méninges ? Aimons-nous prendre soin des autres, des animaux ou des plantes ? Aimons-nous parler ou écouter ? Aimons-nous travailler dehors ou dans un bureau ? En faisant notre sélection, il faut aussi tenir compte d'éléments un peu plus terre à terre comme les études nécessaires, les diplômes, notre expérience, nos capacités, les débouchés, le salaire... Il peut même s'ajouter dans notre liste de critères des considérations qui ne sont pas les nôtres. En effet, il est très facile de se laisser influencer par la société et par notre entourage. Nos parents ont d'ailleurs souvent une vision bien différente de la nôtre en ce qui concerne notre avenir. Mais rappelons-nous que c'est nous qui ferons le travail, pas notre mère qui souhaite que nous soyons avocate.

Malgré toutes nos réflexions et nos bonnes intentions, il se peut que le travail que nous avons accepté ne soit pas celui que nous souhaitons. Croyez-moi, parfois, les circonstances font qu'il est impossible de poursuivre nos objectifs de travail selon nos plans initiaux. J'en sais quelque chose : avoir deux bébés en moins de deux ans quand on ne l'avait pas prévu ainsi modifie quelque peu un plan de carrière. Que faire alors quand on ne fait pas ce qu'on aime ? Eh bien, c'est simple, on se donne les moyens d'aimer ce qu'on fait !

Dans tout travail, il y a des avantages et des inconvénients. Pour aimer ce qu'on fait, il s'agit donc d'en découvrir les avantages et de modifier notre perception des inconvénients. Par exemple, si je dois me lever très tôt, cela me permet de voir le lever de soleil tous les matins. Si je dois travailler le soir, cela me permet de passer la journée avec mes enfants. Si je dois porter un uniforme, cela diminue mes dépenses en vêtements. Si je travaille physiquement, cela m'évite d'aller m'entraîner...

Il est aussi possible de découvrir et d'ajouter des petits plaisirs au travail. Par exemple, on peut aménager notre espace de travail selon nos goûts (photos, images, plantes...).

On peut profiter de l'heure du déjeuner pour aller marcher, lire ou méditer. On peut aussi prendre ses pauses avec des collègues qu'on apprécie. Si on fait un travail répétitif qui demande peu de concentration, on peut chanter, écouter de la musique ou discuter avec les autres...

Se lancer un défi personnel est une autre bonne façon de modifier notre attitude devant un travail qu'on n'aime pas. Ce défi va, par le fait même, nous servir de motivation pour accomplir les tâches qu'on apprécie moins. Par exemple, on peut se donner comme objectif de terminer tout le classement en moins d'une journée, de vendre tout le stock d'un article particulier avant la fin de la semaine, de répondre au plus grand nombre d'appels...

Laissez-moi vous raconter une de mes expériences de travail pour mieux illustrer qu'être positive à l'égard de ce qu'on fait peut rapporter beaucoup. Après mon stage de fin d'études en hôtellerie, j'aspirais à un poste à la réception d'un grand hôtel. Malheureusement, tout ce qu'on m'offrit fut de superviser le buffet de midi sur la terrasse extérieure. Ce qui pouvait sembler intéressant à première vue ne l'était pas tant que ça. Je devais travailler quand il faisait beau et j'étais en congé les jours de pluie. En plus, l'ascenseur ne faisait qu'une partie du chemin pour se rendre là-haut. Il fallait transporter les lourds plateaux de nourriture et de vaisselle dans un petit escalier étroit. L'heure du déjeuner étant vite passée, les autres employés et moi passions donc le plus clair de notre temps à nous éreinter dans l'escalier pour préparer la mise en place du buffet et pour ensuite le démonter.

Ne minimisez pas votre contribution.

Comme je n'avais pas de meilleure option au moment de prendre ma décision, j'ai accepté ce travail saisonnier en espérant trouver autre chose à l'automne.

J'ai alors pris sans le savoir une décision qui influença mon avenir : tant qu'à ne pas faire ce que j'aime, autant le faire le mieux possible et en ayant du plaisir. C'est avec cette attitude que je me suis lancé le défi d'offrir le meilleur service possible afin que ce soit mon nom, accompagné de commentaires positifs, qu'on retrouve le plus souvent sur les cartes de commentaires des clients.

Plusieurs d'entre eux revenaient régulièrement ; je m'efforçais de retenir leur nom et de me souvenir de leurs préférences. Parmi ceux-ci, il y avait le directeur de la réception qui adorait les biscuits aux éclats de chocolat encore chauds sortis du four. Quand il s'asseyait à table, je téléphonais toujours à la pâtisserie pour m'assurer d'avoir des biscuits chauds à lui offrir au moment du dessert.

Vous devinez la suite. Je n'ai effectivement pas eu à passer d'entretien à l'automne pour obtenir un poste à la réception. En fait, mon entretien, je l'avais passé tout l'été. Le directeur a bien sûr remarqué l'excellent service dont il a bénéficié, mais aussi celui que j'offrais à tous mes clients. Grâce à mon empressement envers les gens et à ma bonne humeur, j'avais attiré son attention. Il m'a offert le poste que je convoitais, même s'il n'avait besoin de personne à ce moment.

J'aurais pu refuser l'emploi d'été. J'aurais pu passer l'été à me plaindre. J'aurais pu répondre au client qui voulait quelque chose de spécial : « Ça va être long, je dois descendre à pied à la cuisine. » Mais avec une attitude négative comme celle-là, pensez-vous que le résultat aurait été le même ?

Vous pouvez toujours garder en tête l'objectif de faire un travail qui vous passionne. Même si ce n'est pas possible en ce moment, vous pouvez faire en sorte que ça le soit un jour. En attendant d'y arriver, prenez les moyens d'aimer ce que vous faites !

Trucs de mamans

Apprécier son travail

Je fais les tâches que j'aime le moins le matin. Après le déjeuner, j'ai hâte de revenir au bureau pour enfin faire ce que je préfère.

J'ai souvent des délais très serrés pour remettre mes rapports. Je passe de la musique douce dans mon bureau pour diminuer mon stress et m'aider à me concentrer.

Je suis responsable de toutes les plantes du bureau. Je trouve qu'elles ajoutent un peu de nature dans notre environnement clos.

Une collègue et moi entretenons une petite compétition amicale en fonction de nos ventes respectives. Une fois par mois, la perdante paie un café et un dessert à la gagnante.

J'ai affiché quelques photos de ma famille à mon travail.

Quelques collègues et moi avons beaucoup de plaisir à jouer aux cartes à l'heure du déjeuner.

Je garde un dossier avec les lettres de félicitations et d'appréciation que j'ai reçues. Je les relis quelquefois pour m'encourager quand je suis moins motivée.

Je me suis fixé comme objectif personnel que tous les clients qui passent à ma caisse repartent avec le sourire.

Je suis des cours du soir pour compléter ma formation et augmenter mes chances d'avancement.

J'ai fixé un petit smiley sur le coin de mon ordinateur pour me rappeler que la vie est belle.

Nous écoutons la radio en travaillant. Je passe mes journées à chanter et à taper du pied.

Quand je n'ai pas envie de travailler, je me rappelle ce que mon salaire me permettra de faire (payer les courses, le loyer, des vacances, un sofa, des livres, une surprise...).

Réflexions écrites

Apprécier mon travail

- Qu'est-ce que je préfère dans mon travail et pourquoi ?
- Comment pourrais-je le faire plus souvent ?
- Qu'est-ce que j'aime le moins dans mon travail et pourquoi ?
- Quels changements est-ce que je pourrais faire pour apprécier davantage ce que j'aime moins ?

Prendre soin de sa santé

Atteindre un grand âge, c'est en partie de la chance, en partie de la bonne gestion.

La santé, on la tient tellement pour acquise quand tout va bien ! C'est justement quand tout va bien qu'on devrait tout faire pour que ça continue. Souvent, on attend un ultimatum de notre corps avant de faire attention à nous. Pourquoi attendre de faire une dépression ou de recevoir un diagnostic malheureux ? Nous sommes la seule responsable de notre bien-être physique et psychologique. Si l'on ne prend pas l'initiative de prendre soin de nous, les autres ne pourront certainement pas le faire à notre place.

Écoutez votre corps : il vous dira de quoi il a besoin pour survivre. Ne laissez pas votre esprit pousser votre corps à l'imprudence.

Prendre soin de sa santé demande des efforts, mais apporte encore plus d'avantages. Être en bonne santé nous permet de faire les choses plus facilement. Entre autres, nous sommes plus en forme, avons davantage d'énergie et nous fatiguons moins vite. Nous sommes de meilleure humeur, plus patiente, bien dans notre peau. Nous avons envie et sommes capable d'ajouter des activités nouvelles à notre quotidien, sans compter les atouts que cela nous donne contre différentes maladies.

Tout d'abord, parlons de repos. Comme nos enfants, lorsque nous sommes fatiguée, nous sommes plus faible, plus impatiente et plus grincheuse. Il est essentiel de dormir le nombre d'heures nécessaire pour avoir de l'entrain, être de bonne humeur, positive et capable de combattre les microbes. J'ai personnellement besoin de neuf heures de sommeil par nuit. Je sais très bien que si je pouvais en dormir deux de moins quotidiennement, j'aurais 14 heures de plus par semaine pour faire un tas de choses. Le problème, c'est que je ne pourrais apprécier aucune de ces minutes additionnelles dans mon planning. Je serais trop épuisée pour faire quoi que ce soit d'intéressant et trop bougonne pour être d'agréable compagnie pour les autres. Vous voyez comme il est plus productif de dormir les heures dont nous avons besoin pour être en pleine forme lorsque nous sommes éveillée.

Malgré ce que certaines semblent croire, en devenant mère on ne développe pas automatiquement une tolérance au manque de sommeil. Les premières années de nos tout-petits sont particulièrement éprouvantes. Les nuits blanches ou morcelées font partie de notre routine. Malheureusement, certaines mères négligent de récupérer ces précieuses heures de sommeil perdues. Il est préférable de trouver le moyen de rattraper ce déficit de sommeil au fur et à mesure, parce que la fatigue s'installe sournoisement et s'accumule sans qu'on s'en rende compte. Tout à coup, on réalise qu'on est exténuée et qu'on doit se reposer. Il est déjà trop tard pour ne faire qu'une petite sieste, on aura besoin de beaucoup plus pour se remettre.

En dormant suffisamment toutes les nuits, il est plus facile de s'adapter lors d'un manque de sommeil inattendu. Lorsqu'une situation particulière nous prive de sommeil, développer le réflexe de vouloir le rattraper le plus tôt possible est la chose à faire. Aussi, si vous souffrez d'insomnie, y trouver une solution devrait être une de vos priorités. Différentes techniques de relaxation peuvent vous aider. Il ne faut surtout pas hésiter à en discuter avec votre médecin si vous n'arrivez pas à résoudre un problème.

En plus de bien dormir, il est important de bien équilibrer ses journées. Ne pas surcharger son planning et prévoir des pauses est indispensable. On peut même ajouter à son agenda une sieste réparatrice de 15 minutes dans l'après-midi. Gardez en tête qu'il est impossible d'être productive chaque minute de chaque heure sans qu'il y ait des conséquences fâcheuses. Afin d'éviter le surmenage, l'épuisement professionnel ou même la dépression, apprendre à se connaître et à respecter ses limites personnelles est essentiel.

Une fois qu'on est bien reposée, bien manger et bouger sont nécessaires pour garder la santé. Avoir une alimentation saine et faire de l'exercice sont deux facteurs indissociables quand on parle de bonne santé. Pour avoir l'énergie de vaquer à nos activités quotidiennes sans accumuler les kilos en trop, nous devons apprendre à nous nourrir en fonction de notre mode de vie. Il faut en fait manger sensiblement le nombre de calories qu'on dépense.

Il faut manger pour vivre, et non vivre pour manger.

Je ne vous apprends rien. Nous savons ce que nous devons manger et connaissons aussi les aliments que nous devons éviter. Nous savons également qu'il est préférable d'emprunter les escaliers plutôt que l'ascenseur. Mais quand le quotidien et la routine nous rattrapent, on fait souvent les mauvais choix. On se laisse mener par nos obligations et on ne prend pas le temps de bien manger. En faisant nos courses, on se laisse souvent influencer par la publicité et les étalages près de la caisse. À la maison, on a l'impression que c'est toujours le sachet de chips dans l'armoire qui crie notre nom plutôt qu'un bon fruit. On ne pense faire qu'une petite exception en sautant un repas ou en grignotant des trucs trop gras, trop salés ou trop sucrés entre les repas. Mais nos petits écarts peuvent très vite devenir de mauvaises habitudes que nos enfants imiteront rapidement.

Pour la plupart d'entre nous, avoir une bonne alimentation n'est pas évident. Trouver des trucs pour s'aider à mieux manger est donc nécessaire. Il faut mettre toutes les chances de son côté en instaurant un système qui limite les tentations. Planifier les repas, les casse-croûte et les collations est la première étape pour se simplifier la vie. En plus de faciliter la gestion du budget, cela nous oblige à réfléchir à l'avance à ce que la famille va manger. Pour que cette tâche soit moins lourde sur nos épaules, on peut y faire participer nos enfants et notre conjoint. En épluchant les prospectus et en faisant notre liste de courses en famille, on peut décider tous ensemble de ce que nous allons manger dans les jours à venir. C'est aussi une bonne façon de sensibiliser nos enfants à l'importance d'une alimentation saine.

Notre liste d'achats devrait surtout inclure des aliments non transformés. Elle devrait aussi comprendre quelques douceurs et desserts soigneusement sélectionnés. Cela nous évitera de succomber aux petits plaisirs malsains devant le rayon du supermarché, puisque nous en aurons déjà prévu de meilleurs pour la santé. Ce n'est pas sorcier, la meilleure façon d'éviter les tentations est de ne pas acheter ces desserts trop sucrés et trop gras et ces chips salées auxquels on ne peut résister. Idéalement, il faut apprendre à se gâter avec de bons aliments pour la santé. Pour moi, le chocolat noir, les cerises, les framboises et le saumon fumé sont des plaisirs beaucoup plus satisfaisants que des biscuits ou des chips. Bien sûr, on peut s'offrir un petit extra à l'occasion. Personnellement, j'adore les chips de maïs et, croyez-moi, je les apprécie encore plus quand ça fait longtemps que je n'en ai pas mangé !

Rendre accessibles les bons aliments est aussi une bonne stratégie pour mieux manger. Assurez-vous de toujours avoir sur le plan de travail un panier garni de bons fruits frais. Gardez au frigo un plat avec des crudités coupées et prêtes à consommer. Pour grignoter, ayez des noix, des graines de tournesol ou des fruits séchés... C'est bon et l'on a moins besoin d'en manger pour être rassasiée.

Découvrir le plaisir de cuisiner est une autre façon d'apprendre à apprécier les bons aliments. Au lieu d'acheter des sauces ou des repas déjà préparés, apprenez à les faire vous-même avec de bons ingrédients. Il existe des tas de bons livres de recettes, des magazines culinaires et des sites Internet qui sont des sources infinies de nouvelles idées. On peut facilement trouver de bonnes recettes rapides, faciles et saines, il suffit de les essayer.

En mangeant mieux, il se peut qu'on ait envie de bouger plus, et en bougeant plus, il se peut qu'on ait envie de manger mieux. On nous le rappelle régulièrement, l'activité physique fait partie d'un rythme de vie sain. Mais pour certaines, qui tout comme moi ne sont pas du tout sportives, l'activité physique est sans intérêt. Il est alors nécessaire d'y adjoindre une incitation. Il s'agit de combiner l'activité physique avec quelque chose que vous aimez. Dans mon cas, je vais marcher au moins trois fois par semaine et j'ai toujours hâte. En fait, je n'ai pas hâte d'aller marcher, mais d'écouter la suite de mon livre audio. Je pars avec mes écouteurs sur la

Pour rester jeune, mangez bien, dormez bien, faites de l'exercice et mentez sur votre âge.

tête, et avant même que je m'en rende compte, j'ai terminé mon circuit.

Bouger ne veut pas seulement dire aller à la gym trois fois par semaine ou faire une série d'exercices tous les matins en se levant ; cela consiste aussi à bouger au quotidien. Vous pouvez par exemple choisir de marcher plutôt que de prendre la voiture, ou encore aller jouer au ballon avec les enfants au lieu de jouer à des jeux vidéo. Vous pouvez vous déplacer au lieu de téléphoner à votre collègue qui se trouve au bout du couloir. Aller marcher à l'heure du déjeuner au lieu de rester assise et éviter l'escalier mécanique au centre commercial sont autant de moyens de bouger au quotidien. Plus on est active, plus on a envie de l'être et plus on a l'énergie nécessaire.

Améliorer ou conserver sa santé nécessite des efforts constants. Il ne s'agit pas de tout changer en même temps. C'est en faisant un peu mieux tous les jours qu'on réussit à améliorer sa condition. L'idée est de développer petit à petit de bonnes habitudes qui nous permettront de vivre en forme et d'être en mesure de profiter de notre bonheur le plus longtemps possible.

Trucs de mamans

Prendre soin de sa santé

Nous privilégions les sorties en famille qui demandent de bouger et qui se font en plein air (promenade en forêt, randonnée en vélo, ski...)

Quand je suis fatiguée, il m'arrive de demander à quelqu'un de garder les enfants pour que je puisse aller dormir quelques heures.

Si les enfants sont malades, nous déterminons à l'avance mon conjoint et moi qui passera une mauvaise nuit. L'autre va dormir au sous-sol pour être en mesure de prendre la relève le lendemain matin.

Si je n'arrive pas à dormir parce que je pense trop et que cela me garde éveillée, je me lève et note sur un papier tout ce qui me passe par la tête. Une fois ma tête vidée, je peux retourner me coucher et je m'endors plus facilement.

Pour éviter les pannes d'inspiration lors de la planification des menus, je consulte ma banque de recettes. Je l'alimente régulièrement avec celles de mes amies, de ma famille, celles que je vois à la télévision ou dans des magazines.

Pour me redonner une petite dose d'énergie, même éphémère, rien de mieux qu'un peu d'anticerne, de mascara, de rose sur les joues et de brillant à lèvres.

J'ai toujours une barre de céréales dans mon sac à main. Si j'ai une petite fringale, je suis ainsi certaine d'avoir une option saine.

Je combine souvent une activité physique à une autre occupation. Par exemple, vélo d'appartement et télévision, jogging et musique, ski et sortie entre amies...

Depuis que nous avons suivi des cours de cuisine ensemble, planifier des repas santé n'est plus une corvée pour mon conjoint et moi.

Au travail, pour refaire le plein d'énergie en début d'après-midi, je ferme la porte de mon bureau et je pratique une technique de relaxation pendant 15 minutes.

Une fois par an, chacun des membres de la famille rencontre un médecin pour un examen de routine.

À moins d'un événement spécial, je m'efforce de me coucher tous les soirs à la même heure.

Tous les matins, avant de réveiller les enfants, je fais une série d'étirements.

Je n'achète des chips, du chocolat, des biscuits et autres gâteries qu'occasionnellement. Si une envie nous prend, nous devons sortir pour aller en acheter. Généralement, cela fait passer l'envie.

Réflexions écrites

Prendre soin de ma santé

- Quelles sont les mauvaises habitudes qui nuisent à ma santé ?
- Quelles sont les bonnes habitudes que j'aimerais intégrer à mon quotidien pour améliorer ma santé ?
- De quelles ressources est-ce que je dispose pour m'aider (médecin, entraîneur, nutritionniste...) ?

Accepter de demander de l'aide

Pour vous aider, aidez-vous !

Lorsqu'on a mis un enfant au monde et qu'on devient une maman, on a l'impression d'avoir des capacités incroyables. Après tout, nous avons fabriqué nous-même ce petit être vivant. Dans notre esprit, nous pensons toutes, à un moment ou à un autre, que nous sommes la seule qui peut en prendre soin, la seule qui peut le réconforter, la seule qui peut le comprendre...

Il est évident qu'un enfant n'a qu'une mère et que personne ne peut la remplacer. Cela étant dit, une femme ne devient pas invincible lorsqu'elle devient maman. En fait, c'est lorsqu'on devient maman qu'on doit le plus apprendre à accepter tout ce que les autres peuvent nous apporter. C'est important de le faire pour soi-même, et aussi pour nos enfants.

Pourquoi insistons-nous pour effectuer des tâches pour lesquelles nous ne nous sentons pas qualifiés ? Acceptez vos limites.

Comme le dit si bien ma sœur lorsqu'elle ne peut pas tout faire : « Je ne suis pas magique ! » Personne n'est magique. Tout le monde a besoin d'aide à certains moments et c'est normal. Un jour, on se fait aider, et un autre jour c'est nous qui venons en aide. En tant que femme et surtout en tant que mère, on doit accepter de ne pas pouvoir tout faire et surtout accepter la façon de faire des autres.

Après ma deuxième grossesse en deux ans, j'étais épuisée, mais je refusais quand même l'aide que les autres m'offraient. Par exemple, je n'acceptais pas que quelqu'un d'autre que moi plie le linge propre. Je pliais parfois plusieurs paniers de vêtements tard le soir avant d'aller dormir parce que je n'avais pas eu le temps de le faire plus tôt. La seule raison que j'avais d'être si entêtée, c'est que ça me dérangeait de voir les vêtements pliés de la « mauvaise » manière. Je me disais que j'étais la seule à pouvoir bien le faire.

Le jour où j'ai su lâcher prise fut déterminant dans la suite de ma vie. J'ai enfin arrêté de me gâcher l'existence avec des futilités. J'ai réalisé que mes habitudes de « vieille fille » ne m'apportaient pas de bonheur et que l'application de mes critères trop exigeants m'enlevait du temps de qualité pour faire autre chose. J'ai appris à apprécier l'aide des autres, mais surtout j'ai réalisé combien ma qualité de vie pouvait s'améliorer juste en acceptant cette aide.

Il y a différentes façons de diminuer notre charge de travail à la maison : en premier lieu, en la partageant. Notre conjoint et nos enfants devraient avoir la responsabilité de certaines tâches selon leurs capacités. Nous ne vivons pas seules, alors nous ne devrions pas être les seules à nettoyer et à entretenir la maison. Attention, ce ne sera peut-être pas fait à notre façon, mais l'important est le résultat. Quand tout le monde participe, ça va plus vite. Ça nous laisse donc plus de temps à passer ensemble.

On peut aussi déléguer certaines corvées à quelqu'un qu'on paie. Même si on est très habile et capable de faire certains travaux, on peut quand même les confier à d'autres. La question n'est pas seulement de savoir si nous sommes capable de le faire, mais aussi si nous en avons le temps. Il s'agit de se donner l'occasion de choisir de faire autre chose qu'on préfère. On peut faire faire son ménage, tondre la pelouse, repeindre le salon, laver les fenêtres, la liste est infinie. Bien des jeunes de notre voisinage ne demandent pas mieux qu'on leur fasse confiance en échange de quelques dollars. Pour éviter des dépenses excessives, on peut aussi considérer les échanges de services. Il se peut que ça me fasse plaisir de laver les fenêtres de la maison de mon voisin s'il repeint mon salon.

Faire garder les enfants est aussi un problème pour plusieurs mamans. Il leur est difficile de faire confiance à quelqu'un d'autre pour s'occuper de leur petit. Elles s'imaginent qu'elles seules en sont capables, surtout avec le premier bébé. Pourtant, faire garder nos enfants offre beaucoup plus d'avantages que d'inconvénients, tant pour les enfants que pour la mère.

Pour le bien de tout le monde, il est préférable d'introduire la garde par une tierce personne assez tôt dans la vie d'un enfant et de façon progressive. Si l'on fait garder nos enfants pour la première fois en raison d'un voyage de trois semaines en Europe, je vous garantis que les enfants n'apprécieront pas l'expérience et les parents non plus, d'ailleurs. En y allant étape par étape, les enfants peuvent s'habituer à la présence d'une nouvelle personne et au fait qu'on est absente. C'est aussi plus facile pour nous d'apprendre graduellement à avoir confiance et de voir le bienfait que cela nous apporte. Une bonne chose est d'avoir plusieurs personnes de confiance dans son entourage. Pour aller au cinéma, on peut très bien demander à notre petite voisine de passer la soirée

Les grands-parents sont des gardiens qui regardent les enfants, et non la télévision.

à la maison. Par contre, pour un week-end, on préférera confier notre progéniture à une amie proche ou à de la famille. N'oubliez pas que, pour votre famille, garder vos enfants peut être une belle occasion de passer du temps avec eux.

On peut aussi avoir besoin d'aide dans bien d'autres cas. Parfois, nous ne sommes tout simplement pas outillée pour faire face à certaines situations. Cela ne dépend pas d'un manque de volonté. Il y a simplement des circonstances où seul un professionnel peut nous aider à améliorer les choses. Par exemple, si nos enfants ont des problèmes d'apprentissage ou de comportement, si notre mari devient violent ou se met à boire, si nous nous sentons déprimée ou avons de la difficulté à traverser certaines épreuves, il faut consulter une personne compétente qui pourra nous aider.

Pour certains cas particuliers, il existe aussi de l'aide spécifique. Par exemple, si vous avez un enfant malade, joignez-vous à un groupe de parents dont les enfants souffrent de la même maladie. Si vous avez un handicap, participez à des forums de discussion sur Internet sur le sujet. Si vous traversez un deuil, si vous prenez soin d'un parent âgé, si vous avez été victime d'un accident ou d'un acte criminel, peu importe votre situation, aussi banale ou inusitée qu'elle soit, il existe quelque part de l'aide pour vous.

Aussitôt qu'un problème – une surcharge de travail par exemple – se fait sentir, vous ne devez pas hésiter à demander de l'aide. Une solution vous attend forcément quelque part. C'est à vous seule que revient la responsabilité de demander cette aide.

Je sais combien il peut être difficile de réclamer de l'aide. J'ai moi-même déjà pensé que les autres me trouveraient faible et qu'ils me jugeraient si j'en demandais. Après avoir eu le courage de le faire une première fois, puis une autre, j'ai réalisé qu'on me voyait plutôt comme une personne forte, quelqu'un qui sait anticiper et prévenir plutôt que guérir.

J'ai aussi découvert qu'il était plus facile de faire une « prédemande » plutôt que d'avoir recours à l'aide une fois le problème déclaré. En fait, il s'agit de questionner notre entourage à l'avance ; ainsi, on peut se créer une banque de ressources. On sait au départ qui est prêt à faire quoi pour nous. Par exemple, on demande : « Est-ce que tu garderais mes enfants pour un week-end si je voulais prendre un petit congé ? », « Accepterais-tu d'aller chercher mes filles à l'école si jamais j'avais un empêchement ? », « Viendrais-tu dormir chez moi si j'avais besoin de quelqu'un ? », « M'accompagnerais-tu chez mon médecin ? ».

S'informer sur les ressources qui sont accessibles près de chez soi est aussi un autre bon moyen de ne pas être prise au dépourvu. Connaître les services offerts par la PMI, savoir qu'il y a un centre de planning familial dans mon quartier, des groupes de cuisine collective, des lieux de rencontre pour les parents. Savoir où trouver de l'aide est une bonne manière de s'assurer d'en avoir.

Trucs de mamans

Accepter de demander de l'aide

Comme je ne me sens pas très à l'aise avec les nouvelles façons d'enseigner, une petite voisine un peu plus vieille que mes enfants vient passer l'heure des devoirs à la maison. Elle fait les siens tout en étant disponible pour répondre aux questions de mes enfants.

Ma belle-mère vient faire la lessive une fois par semaine. C'est un plaisir pour elle de le faire et cela me libère d'une grosse tâche.

Lorsque j'ai fait construire ma maison, ma sœur m'a beaucoup aidée à choisir les matériaux et les couleurs.

Mes enfants sont très fiers d'être maintenant assez vieux pour avoir des responsabilités. Même s'ils sont encore petits, cela m'enlève une certaine charge de travail.

Lorsque nous effectuons ensemble certains travaux (repeindre une pièce, laver les fenêtres, aménager le terrain...), mon conjoint et moi faisons garder les enfants. Nous sommes bien plus productifs.

Nous confions le nettoyage de notre piscine et la tonte de notre gazon à notre voisin retraité.

Parfois, quand je n'en peux plus, je contacte un numéro d'appel destiné aux parents.

Mon fils et celui d'une copine jouent dans la même équipe de football. Nous, les mamans, faisons aussi équipe pour les trajets.

J'ai suivi une formation pour apprendre à accompagner une personne vieillissante. Je me sens maintenant mieux outillée pour m'occuper de ma mère malade.

Je chatte régulièrement avec d'autres femmes qui ont le même type de cancer que moi.

Je lis énormément de livres sur l'éducation des enfants. Cela me permet d'essayer différentes techniques et d'utiliser ce qui nous convient à ma famille et à moi.

Je garde les enfants d'une amie pendant un week-end pour qu'elle puisse prendre du bon temps avec son amoureux. Le mois suivant, c'est notre tour de profiter d'un week-end en amoureux.

Mon frère est comptable, c'est toujours lui qui s'occupe de mes impôts.

Réflexions écrites

Accepter de demander de l'aide

- Qui sont les personnes sur qui je peux compter ?
- De quelle sorte d'aide est-ce que j'aimerais bénéficier ?
- Auprès de qui est-ce que je pourrais m'informer à ce sujet ?

Se faciliter la vie au quotidien

Le plus riche est celui qui utilise le temps que perdent la plupart des gens.

On est parfois tellement occupée qu'on ne réalise pas que ce sont nos vieilles habitudes qui nous compliquent le plus la vie. Parce que nous ne les avons pas adaptées à notre quotidien, elles nous font souvent perdre du temps et de l'énergie. Par habitude, on fait les choses d'une certaine manière et on répète continuellement les mêmes façons de faire. On a toujours fait ainsi, alors il ne nous vient pas à l'esprit de nous demander s'il y a moyen de faire autrement et mieux.

Poser la question, c'est bien sûr y répondre. Il est évident qu'on peut toujours s'améliorer, parce que de toute façon il n'y a personne de parfait. L'objectif ici n'est pas nécessairement de se rapprocher de la perfection, mais bien de se faciliter la vie pour être en mesure d'en profiter encore plus. Nous ne le réalisons pas toujours, mais dans toutes nos activités, nous faisons des choix qui peuvent nous simplifier les choses ou nous les compliquer. Par exemple, si je décide de commencer faire du sport, il est préférable de choisir un club qui se trouve tout près de chez moi. Je perdrai moins de temps en transport que si je dois faire 45 minutes de route pour m'y rendre. Si mon centre est à 5 minutes de chez moi, j'aurai aussi plus de chances de réaliser mes objectifs d'assiduité. Voilà ce que je veux dire par se faciliter la vie. Il faut faire des choix qui nous rendent les choses aisées et agréables.

Je ne souhaite pas vous imposer ici une façon de gérer votre quotidien. Je désire simplement vous suggérer des idées pour vous aider à tirer le mieux possible profit de votre temps. Vous pourrez ensuite adapter ces idées à votre propre expérience. Je vous propose donc d'utiliser l'organisation et la planification comme des alliées dans votre poursuite du bonheur au quotidien. Le but est d'arriver aux mêmes résultats ou même à de meilleurs, mais de façon plus rapide, plus agréable et moins fatigante.

Soyez organisé, c'est peut-être tout ce qui manque à votre bonheur.

Un peu d'organisation et de planification peut nous épargner bien du stress et des maux de tête. Prenons l'exemple par excellence : la planification des repas. Quand on sait ce qu'on va manger, il n'y a plus de casse-tête interminables devant les armoires et le frigo grands ouverts ; il n'y a plus de visite éclair au supermarché avant le repas pour acheter l'article manquant ; il n'y a plus de répétition des mêmes menus monotones ; il n'y a plus de : « Ah non, pas encore des pâtes à la sauce tomate ! » Quand on a une liste de menus et un inventaire bien organisé, il est facile de planifier nos repas à l'avance. Ainsi, on va au supermarché une fois par semaine et on a tout ce qu'il nous faut. En plus de se simplifier la vie, on fait une économie d'argent, parce qu'en faisant notre planification on consulte les prospectus publicitaires où figurent les rabais de la semaine.

Vous aurez deviné que le premier investissement que je vous propose de faire pour vous faciliter la vie concerne votre organisation. Oui, je sais, ça prend du temps de s'organiser. C'est justement pourquoi je parle d'investissement. Cela peut être exigeant au début, parce qu'il faut consacrer du temps et des efforts pour tout mettre en place. Mais une fois que votre système est bien développé et prêt à fonctionner, les efforts pour le maintenir sont minimes, et comme par enchantement vous avez plus de temps libre. C'est à ce moment que vous réalisez combien votre investissement vous rapporte gros !

Pour moi, l'organisation se résume par : « Chaque chose à sa place. » Combien de temps perd-on dans une année à chercher ? Chercher nos clefs, le cartable du petit dernier, sa peluche préférée, les papiers d'assurance, le soulier droit de l'aînée, notre gant gauche, les passeports, le livre de princesse, notre carnet de chèques, la petite auto rouge… Vous serez certainement d'accord avec moi pour dire qu'on perd beaucoup trop de temps à chercher une foule de choses.

Pourtant, plusieurs de ces recherches pourraient être évitées. Avoir un crochet à l'entrée pour les clefs, des paniers étiquetés au nom de chacun dans le dressing, des classeurs pour les papiers, une bibliothèque pour les livres d'enfants, des bacs pour les petites voitures, un autre pour les peluches, tous ces gestes sont de simples stratégies qui permettent de ranger et de retrouver plus facilement les choses. Il s'agit de décider d'un endroit spécifique pour chaque objet ou type d'objet. De cette façon, on passera bien moins de temps à ramasser ce qui traîne puisqu'il y en aura moins. Cela facilitera aussi l'apprentissage du ménage et de l'ordre à vos enfants.

Ne laissez pas les petites choses vous submerger.

Suivant la même logique, on peut également organiser les informations importantes de la famille. C'est-à-dire qu'on peut regrouper dans un classeur ou une pochette les numéros de téléphone d'urgence (pompiers, police, centre antipoison, etc.), les coordonnées des connaissances (famille, amis, camarades des enfants, plombier, assureur, etc.), les informations relatives à chaque personne de la famille (date de naissance, numéro d'assurance maladie, groupe sanguin, etc.). Bref, toutes les informations qui pourraient vous être utiles en cas d'urgence devraient se trouver au même endroit. Cela facilite aussi les choses pour la personne responsable de la maisonnée quand vous n'y êtes pas.

Comme bien souvent notre cerveau déborde, l'organisation implique de mettre en place un système qui sera en mesure de lui prêter main-forte, c'est-à-dire avoir d'autres endroits pour accumuler les informations qui nous seront utiles plus tard. Par exemple, si une copine me parle d'un livre qu'elle aimerait lire, je peux noter le titre sur ma liste « Idées de cadeaux ». Dans un mois, quand son anniversaire viendra, je n'aurai aucune angoisse en cherchant un cadeau qui lui plaira. Je consulterai ma liste et lui offrirai un cadeau qu'elle appréciera. De la même façon, quand un membre de la famille s'aperçoit qu'on manquera bientôt de liquide vaisselle, il peut le noter immédiatement sur la « Liste des achats ».

Une fois que tout est bien rangé à sa place, on peut ensuite passer à la planification. Avez-vous l'impression que, malgré le fait que vous n'avez pas arrêté de la semaine, vous n'avez rien accompli ? Avez-vous l'impression que vous n'avez pas le temps de faire tout ce que vous devriez faire ? Si la réponse est oui, il n'y a qu'un seul moyen de savoir où sont passées toutes ces minutes qui vous manquent cruellement. C'est un moyen qui vous paraîtra sûrement extrême, mais il est d'une efficacité tout aussi extrême si vous le faites bien. Il s'agit de prendre en note toutes vos activités pendant une semaine, c'est-à-dire écrire tout ce que vous faites dans une journée.

Cet exercice risque d'être difficile et laborieux pour certains. Selon votre situation, il est possible de le faire seulement pour les périodes les plus critiques de vos journées. Le but est simple, c'est de vous permettre de visualiser où disparaît votre temps. À quoi est-ce que vous passez la plupart de votre temps ? Y a-t-il des moments qui pourraient être utilisés à autre chose ? Y a-t-il des activités qui pourraient être déplacées dans le planning ou combinées avec d'autres ?

En voyant votre emploi du temps sur papier, vous aurez devant vous la photo de votre quotidien. Vous pourrez en faire une évaluation plus approfondie. Vous verrez plus facilement ce qui consume vos précieuses minutes. Vous serez aussi en mesure de distinguer les faiblesses de votre routine et pourrez y apporter des modifications. Vous réaliserez peut-être que vous passez beaucoup de temps à des choses qui ne sont pas si importantes pour vous. Toutes les constatations que vous ferez vous permettront d'effectuer des changements pour vous faciliter la vie. Vous pourriez, par exemple, demander une plus grande participation des autres membres de la famille pour certaines tâches, décider de ne plus faire certaines choses ou de les faire à un moment différent, choisir d'optimiser vos déplacements en combinant certaines activités.

Planifiez pour être à l'heure, et prenez toujours de la marge pour les imprévus.

Le deuxième investissement que je vous propose de faire se situe au niveau de votre planification. Planifier, c'est prévoir ce qui vient et agir en conséquence. Comme on dit, plus ça change, plus c'est pareil. Noël sera le 25 décembre encore une fois l'an prochain, vos enfants célébreront leur anniversaire à la même date chaque année, on fait ramoner la cheminée à l'automne, on change d'heure au printemps et à l'automne, la rentrée scolaire est toujours à la fin de l'été. Pourquoi alors être prise au dépourvu quand ces événements reviennent? Négliger la planification nous rend plus vulnérable aux courses folles de dernière minute et au manque de temps. Cela nous ajoute du stress et de la fatigue sans qu'on puisse les éviter.

Pour planifier, votre agenda est l'outil tout indiqué. Il faut y inscrire tous les événements de votre vie. Naturellement, on parle ici des événements spéciaux (tournois de hockey, colonies de vacances, etc.), des fêtes (Noël, Saint-Valentin, fête des Mères, etc.), des anniversaires (familles, amis, collègues, etc.), des rendez-vous (banque, médecin, assurance, etc.), des sorties (dîners au restaurant, cinéma, etc.), de certaines tâches à faire (aller chercher Ginette à l'aéroport, payer les factures, apporter les documents au comptable, etc.), mais vous pouvez aussi y ajouter des rappels quelques jours ou semaines à l'avance (planifier la fête pour Rébecca, commencer l'achat des cadeaux de Noël, choisir le menu pour la réception de bienvenue, etc.). Ces petits avertissements vous permettront d'étaler dans le temps les tâches que vous devez faire pour une date donnée.

Que votre agenda soit de format papier ou électronique, pour qu'il soit efficace vous devez en avoir un seul et bien sûr y inscrire toutes les informations relatives à votre travail, à votre vie privée, à vos affaires, à vos loisirs, pour ne nommer que celles-là. Toutefois, il faut surtout que vous le consultiez tous les jours, même le week-end. Vous aurez certainement des sorties et des activités en famille et entre amis de prévues. Bref, tout ce qui vous prend du temps — y compris du temps pour vous — devrait y apparaître. Il faut que votre agenda devienne lui aussi votre allié. Utilisez-le pour vous planifier une vie heureuse.

Trucs de mamans

Se faciliter la vie au quotidien

Je m'efforce d'accomplir les tâches récurrentes (plier le linge, repasser, trier le courrier, payer les factures, etc.) au fur et à mesure qu'elles se présentent ou selon un système régulier. Je ne les laisse pas prendre des proportions démesurées.

J'ouvre toujours le courrier à la même place et je le classe tout de suite au bon endroit afin d'assurer son suivi.

Je prépare la veille les vêtements que je vais porter. Cela m'évite de nombreux essayages et questions existentielles au lever.

Je range les produits et le matériel de nettoyage à l'endroit où on s'en servira. Par exemple, j'ai une bouteille de produit pour nettoyer les miroirs dans chacune des salles de bains.

Je garde au sous-sol une boîte pour y déposer ce que nous n'utilisons plus, mais qui est encore bon. Quand la boîte est pleine, j'offre le contenu à des amis, à de la famille, à des voisins ou à une œuvre de charité.

J'ai dressé la liste de tous les produits de base à toujours avoir sous la main. Avant d'aller faire les courses, je vérifie mon inventaire à l'aide de cette liste.

J'achète en grande quantité les aliments non périssables et les autres produits d'usage quotidien. Cela réduit la liste de mes achats hebdomadaires et me permet d'attendre les soldes.

Je cuisine toujours en double ou en triple. Ce n'est pas plus long de faire cuire deux poulets au lieu d'un ! Du coup, les déjeuners sont prêts pour le lendemain ou je fais congeler des repas pour plus tard.

Au retour du supermarché, je lave et prépare les fruits et les légumes. Ça fait partie de la routine des courses et je gagne du temps pour la préparation des repas.

J'ai donné des responsabilités très tôt à mes enfants. Mon plus jeune doit ranger ses jouets et ses vêtements, ma cadette doit débarrasser la table et mon aîné commence à faire la poussière. Cela leur donne de l'importance et ils apprennent à tenir un engagement.

Il est plus facile pour moi de trouver le temps d'accomplir une ou deux petites tâches par jour que de faire le grand ménage une fois par semaine.

Je n'hésite pas à payer une dame de mon voisinage pour m'aider à faire mon grand ménage du printemps. Ça va plus vite et c'est plus agréable d'avoir de la compagnie pour le faire.

J'ai une réserve de cartes de souhaits pour toutes les occasions ainsi que quelques cadeaux d'hôtesse. Comme ça, je ne suis jamais prise au dépourvu.

J'achète toujours mes cadeaux de Noël plusieurs mois à l'avance et souvent en solde. J'emballe le tout seulement en décembre près du sapin en écoutant de la musique de Noël.

Je fais plusieurs achats par Internet, cela me fait gagner beaucoup de temps.

Aux anniversaires de mes enfants, au lieu de me faire envahir par une « meute » de copains, j'invite un ou deux amis pour le week-end et on fait des sorties et des activités spéciales.

J'utilise Internet pour trouver des tas de conseils et d'idées nouvelles (recettes, cadeaux, éducation des enfants, vie de couple, grand ménage, décoration, activités sportives, etc.).

J'utilise un code de couleur sur mes fiches de recettes (recette rapide, recette santé, recette pour recevoir, etc.).

Je planifie mes activités en fonction de mon cycle de productivité. Comme je suis plus efficace le matin que le soir, je fais tout ce qui demande de la concentration en début de journée.

J'ai placé un joli panier d'osier au bas de l'escalier. Au lieu de monter l'escalier chaque fois, on dépose dans le panier tout ce qui va au deuxième étage. Quand on est prêt à monter, on jette un coup d'œil et on monte avec nous ce qui nous appartient.

Lorsque j'ai une idée ou que je pense à quelque chose, je l'inscris tout de suite dans mon téléphone portable ou dans un calepin. Tous les matins, je révise mes notes et ajoute l'information à mon agenda, à la liste des courses ou au bon dossier.

Une semaine avant la rentrée des classes, on commence tous à se coucher et à se lever un peu plus tôt. Cela nous prépare progressivement à la nouvelle routine qui va commencer bientôt.

Réflexions écrites

Me faciliter la vie au quotidien

- Qu'est-ce que je devrais réorganiser dans mon quotidien ?
- Qu'est-ce qui devrait être mieux planifié dans mon quotidien ?
- Comment pourrais-je améliorer mon organisation ?
- Qu'est-ce que j'aimerais faire pour me faciliter la vie au quotidien ?

TROISIÈME PARTIE

Trouver son bonheur

Comment faire pour être en mesure de prendre les décisions qui sont adéquates pour nous ? Je partage ici avec vous quelques façons d'y arriver.

CHAPITRE 5

Découvrir ce qui nous rend heureuse

La voie du bonheur est un pèlerinage que chacun doit effectuer pour lui-même.

Où se cache mon bonheur ?

À la question de votre vie, vous êtes la réponse. Aux problèmes de votre vie, vous êtes la solution.

Avez-vous remarqué le point commun entre tous les chapitres de ce livre ? Quelle est la particularité qui revient sans cesse malgré les changements de sujets ? C'est vous, bien sûr ! Vous êtes la personne la plus importante de votre vie. Vous êtes celle qui peut faire ses choix. Vous seule pouvez décider d'être heureuse. Vous comprenez donc qu'à la question : « Où se cache mon bonheur ? », vous êtes la réponse.

Laissez-vous guider par votre cœur.

Vous avez déjà lu auparavant dans ces pages que vous avez du pouvoir sur votre vie. Celui de choisir d'en faire ce que vous voulez. Ce pouvoir se trouve dans les choix que vous faites tous les jours : vos choix d'attitudes, de pensées et surtout d'actions. Vous avez toujours le choix, mais encore faut-il savoir faire le bon pour vous : celui qui tient compte de vos priorités.

On m'a dit un jour que les priorités sont des désirs qui viennent du cœur. On ne le réalise pas toujours : on a plutôt tendance à régler les urgences de la tête plutôt que les désirs du cœur. Or notre bonheur dépend essentiellement des sentiments qui nous habitent. Plus on ressent d'émotions positives, comme la joie, le plaisir, le bien-être, la fierté, l'épanouissement, la satisfaction, l'accomplissement, l'amour, l'amitié, plus on se sent heureuse.

> Écoutez.
> Votre cœur vous donnera des raisons d'être joyeux.
> Oubliez le mal de votre mal et la tristesse de votre tristesse.
> Redécouvrez la joie de votre joie.

Même s'il nous parle, on ne porte pas souvent attention à ce que notre cœur nous dit. Notre quotidien chargé de mère de famille arrive parfois à nous faire oublier que nous avons besoin de plaisir dans la vie, et aussi à quel point nous pouvons nous habituer à tout. Nous savons très bien que ce que nous acceptons par habitude n'est pas nécessairement bon pour nous. Vous avez peut-être déjà entendu l'exemple de la grenouille. Si on plonge une grenouille dans un chaudron d'eau bouillante, elle sautera pour en sortir parce qu'elle sait qu'y rester serait fatal pour elle. Cependant, si vous plongez la même grenouille dans un chaudron d'eau froide et en augmentez la température graduellement, elle ne se rendra pas compte du danger et mourra.

Il nous semble parfois plus facile de rester dans une situation désagréable qui nous est connue et qui nous paraît vivable plutôt que de prendre un risque ou de faire un effort pour changer et devenir plus heureuse. À première vue, cette réflexion semble tout à fait illogique. Qui préfère le malheur au bonheur? Pourtant, si l'on y pense bien, en évitant d'écouter notre cœur, on néglige notre bonheur. Ce qui est important de réaliser ici, c'est qu'ignorer notre besoin de bonheur ne peut avoir qu'une seule conséquence : on devient malheureuse.

Vous devinez que pour faire les meilleurs choix pour vous, ceux qui contribueront à votre bonheur, vous devez tenir compte de vos émotions. En effet, le secret de votre bonheur se trouve en vous, au fond de votre cœur. Celui-ci vous parle tous les jours par la voie de vos sentiments et de vos émotions. C'est grâce aux émotions que vous ressentez en jouant au tennis, par exemple, que vous pouvez dire que c'est votre sport préféré, ou encore que vous le détestez.

Votre bonheur dépend de la qualité de l'écoute que vous déployez envers les messages de votre cœur, de l'interprétation que vous en faites et, surtout, de ce que vous ferez ensuite.

Savoir être à l'écoute des émotions de votre cœur vous permettra de choisir les petits bonheurs qui vous font vraiment du bien, d'adopter les activités qui vous apportent le plus de plaisir, de passer plus de temps avec les gens avec qui vous vous sentez le mieux. Votre cœur vous parle, écoutez-le !

Découvrir les désirs de son cœur

Suivez vos désirs tant que vous vivez.

Toutes ne ressentent pas les mêmes émotions face aux mêmes situations. Pour certaines, porter des talons hauts les fait se sentir belles et fières. Pour d'autres, cela les fait se sentir mal à l'aise. Il est relativement facile de savoir quel modèle de chaussures nous convient. Cela peut cependant être plus compliqué de savoir quel genre de travail nous valorise le plus, quel type de relation amoureuse nous comble d'amour, quelle sorte de passe-temps nous fait du bien, quelle façon d'éduquer nos enfants correspond à nos valeurs profondes.

Comme nous sommes toutes différentes les unes des autres, chacune d'entre nous doit suivre son propre cheminement en questionnant son cœur. Pour arriver à comprendre les désirs de notre cœur, nous devons utiliser nos émotions comme des indices. Par exemple, quand nous nous sentons joyeuses, c'est certainement parce que nous apprécions l'activité que nous sommes en train de faire. Quand nous ressentons de l'ennui, c'est sans doute parce que nous ne trouvons pas très intéressante la personne qui nous parle.

Les gens savent rarement ce qu'ils veulent jusqu'au jour où on leur donne ce qu'ils ne voulaient pas.

Pour être capable de prendre les décisions qui engendreront en nous le plus d'émotions positives, nous devons bien sûr réussir à reconnaître ces émotions, mais aussi être en mesure de percevoir les circonstances qui les créent. C'est en devenant consciente de ce qui génère les sentiments qui nous habitent que nous pouvons arriver à déterminer ce qui nous rend heureuse. Lorsque nous connaissons nos sentiments devant certaines situations, nous sommes en mesure de modifier les circonstances (ou nos réponses à celles-ci) pour vivre des émotions positives et, parallèlement, d'arriver à maintenir ce contexte de façon à vivre plus d'émotions positives. Voici un exemple pour illustrer mon raisonnement.

Tâches ménagères

Tous les samedis matin, Mélodie et Jérôme se partagent les corvées pendant que les enfants regardent des dessins animés. Cela leur permet de profiter ensuite du week-end en famille. Sans vraiment en avoir discuté ensemble, ils se sont réparti les tâches de manière traditionnelle. Pendant que Jérôme tond le gazon, Mélodie s'occupe de nettoyer la cuisine et la salle de bains.

Chaque semaine, Mélodie redoute l'arrivée du samedi matin. Elle déteste frotter les lavabos et porter ces horribles gants de caoutchouc. Elle a toujours haï cette corvée, mais n'a jamais rien fait pour modifier la situation. En observant ses sentiments, elle réalise combien cette simple tâche ménagère lui inflige un mal-être important.

Elle propose donc à Jérôme d'échanger leurs tâches du samedi matin. Il n'y voit aucun inconvénient et accepte volontiers. Pour Mélodie, cet ajustement facile lui permet d'enlever du négatif à son samedi matin et d'y ajouter du positif. En effet, Mélodie adore être à l'extérieur, et tondre le gazon lui permet de bouger un peu plus.

Une situation simple du quotidien peut cacher bien plus que ce qu'elle laisse paraître. En étant à l'écoute des émotions que nous ressentons, nous pouvons comprendre des choses que nous savons parfois déjà, mais auxquelles nous n'avons jamais prêté grande attention.

Bien écouter nos émotions et y trouver les vraies réponses à toutes nos questions contribue à nous faire prendre conscience de ce dont nous nous doutons, mais que nous n'avons jamais osé admettre. Il arrive parfois qu'on sache exactement ce qu'on a à faire, mais on s'invente toutes sortes de raisons pour ne pas faire ce qu'on devrait. En écoutant bien les messages de notre cœur par l'intermédiaire de nos émotions, on ne peut plus nier les mesures à prendre pour augmenter notre bonheur. Voici un autre exemple pour vous expliquer mon propos.

Organisation

Suzie a entrepris l'observation de ses émotions il y a quelques jours. Déjà, elle a remarqué que la majorité des émotions négatives qu'elle ressent dans son quotidien sont : du stress, de la désorganisation et de l'inefficacité. En essayant de comprendre d'où venaient tous ses sentiments négatifs, elle a réalisé que son manque d'organisation en était la cause principale. En fait, son manque d'organisation nuit grandement à son bonheur.

C'est votre vie : ne laissez personne la définir.

Devant ce constat, la décision de mieux s'organiser est évidente à prendre. Même si dans le passé Suzie s'était doutée que cela pouvait être bon pour elle, elle n'avait jamais ressenti l'urgence de passer à l'action. S'organiser semblait prendre trop de temps et d'effort. Maintenant, malgré l'implication, le temps et le travail que l'organisation demande au début, Suzie est certaine que c'est la chose à faire pour elle et elle est plus motivée que jamais.

Toutefois, être attentive à vos émotions est efficace seulement si vous le faites avec la plus grande honnêteté. Vous devez trouver les vrais déclencheurs de vos émotions et les écouter. Croire aux réponses qui vous arrangent risque de vous mener sur de mauvaises pistes.

Nouvel amoureux

Valérie est célibataire depuis plusieurs années et essaie de se persuader qu'elle a enfin trouvé le bon « mec ». Elle se dit convaincue qu'il l'aime. Même si sa passion à lui est la pêche et que Valérie déteste la nature, même s'il adore faire du snowboard et que Valérie ne sait même pas faire du ski, même s'il est fan de films d'horreur et que Valérie a le cœur sensible, elle pense qu'ils sont faits l'un pour l'autre.

Les copines de Valérie ne comprennent pas non plus pourquoi elle trouve toujours à son Roméo une bonne raison pour justifier ses retards, ses oublis et ses manques de délicatesse. Il est peut-être beau et riche, mais les amies de Valérie ne sont pas aussi certaines qu'il s'agisse du prince charmant dont leur amie a besoin.

Vous raconter des histoires ne vous aidera pas à ajouter du bonheur dans votre vie. Vous devez être à l'écoute des émotions de votre cœur et utiliser les bonnes informations afin de prendre ensuite les décisions adéquates pour vous : celles qui influenceront à la hausse vos émotions positives et à la baisse vos émotions négatives. Le seul fait d'y être un peu plus attentive tous les jours peut vous guider et faciliter grandement vos futures prises de décisions dans les différents aspects de votre quotidien.

Réflexions écrites

Découvrir les désirs de mon cœur

- Quelles sont les activités qui me procurent le plus de... ?

bien-être	confusion
calme	dégoût
enthousiasme	désintéressement
harmonie	exaspération
joie	frustration
plaisir	mécontentement
tranquillité	

- Quelles sont les tâches qui me procurent le plus de... ?

ambition	angoisse
appréciation	contrariété
distinction	difficulté
emballement	ennui
facilité	humiliation
intérêt	médiocrité
satisfaction	stress

- Quelles sont les circonstances qui me procurent le plus de... ?

apaisement	abattement
assurance	découragement

contentement	énervement
enchantement	honte
gaieté	inconfort
harmonie	rancœur
légèreté	regret

- Quelles sont les personnes qui me procurent le plus de... ?

affection	agressivité
amour	crainte
compréhension	haine
coopération	gêne
confiance	malaise
joie	peine
soutien	rage

- Quelles sont les émotions que je ressens ?
  - Auprès de mon conjoint, de mes enfants, de mes parents, de mes amis, de mes collègues, de mes voisins, de gens que je ne connais pas...
  - Quand je suis au travail, à la maison, en public, dans ma chambre, dans la nature, en vacances, dans un endroit inconnu...
  - Quand je fais du sport, prépare les repas, vais chez le coiffeur, prends soin des autres, fais l'amour, fais les courses, joue avec mes enfants, fais le ménage, me fais belle...

Quelques exemples d'émotions positives

Acceptation, accord, adoucissement, affection, aisance, allégresse, altruisme, amabilité, ambition, amitié, amour, apaisement, approbation, appréciation, appui, assentiment, assistance, assurance, audace, attachement, attendrissement, atténuation, bénédiction, bien-être, bienveillance, bonheur, bonté, bravoure, calme, charité, chaleur, clémence, collaboration, compréhension, coopération, concentration, confiance, confort, connivence, consentement, contentement, contemplation, compassion, complicité, courage, courtoisie, délicatesse, désir, désinvolture, détermination, dévouement, discernement, discrétion, distinction, douceur, emballement, empathie, enchantement, encouragement, enivrement, enjouement, enthousiasme, envoûtement, équilibre, estime, euphorie, exaltation, excitation, extase, facilité, frénésie, gaieté, grandeur, générosité, gentillesse, grâce, harmonie, honnêteté, humanité, humilité, indulgence, intérêt, ivresse, joie, jouissance, jubilation, légèreté, loyauté, magnificence, maîtrise, miséricorde, obligeance, paix, patience, pitié, plaisir, politesse, quiétude, ravissement, réconfort, reconnaissance, renfort, sagesse, sang-froid, satisfaction, savoir-faire, sérénité, serviabilité, sincérité, simplicité, splendeur, sympathie, soulagement, souplesse, soutien, stabilité, tranquillité, vigilance, virtuosité, vivacité, volonté, volupté...

Quelques exemples d'émotions négatives

Abattement, abandon, accablement, agacement, agressivité, amertume, animosité, apitoiement, arrogance, aversion, chagrin, colère, contrariété, convoitise, cruauté, dédain, déception, découragement, dégoût, dépendance, dépression, dérision, désenchantement, désappointement, déshonneur, désillusion, désintéressement, détachement, désobligeance, difficulté, douleur, écœurement, égocentrisme, égoïsme, embarras, emportement, énervement, envie, essoufflement, exaspération, frustration, futilité, gêne, haine, hâte, honte, hostilité, humiliation, hyperémotivité, hypersensibilité, inconfort, indifférence, individualisme, infidélité, insensibilité, insouciance, insuffisance, impatience, imperfection, impolitesse, impuissance, insolence, irritabilité, jalousie, lassitude, malaise, malveillance, manque, mécontentement, médiocrité, mélancolie, mépris, mollesse, morosité, narcissisme, nonchalance, nostalgie, oisiveté, oppression, orgueil, paresse, peine, privation, rage, rancœur, rancune, regret, renoncement, ressentiment, souffrance, susceptibilité, suffisance, surmenage, stress, tentation, torpeur, trahison, tristesse, vanité, violence...

Inventer sa vie idéale

Vous ne pouvez prédire votre avenir, mais vous pouvez l'inventer.

J'espère bien vous avoir fait réfléchir au moins un peu depuis que vous avez commencé la lecture de ce livre. Je souhaite que vous ayez envie de passer du temps à écouter votre cœur, à vous poser des questions, à discuter avec vos proches et à vous creuser la tête pour trouver vos propres réponses à propos de tout ce qui influence votre bonheur. En vous faisant fouiller ainsi en vous, mon objectif est simple : vous faire découvrir de quoi est faite votre vie idéale, celle qui vous rendra heureuse tous les jours.

Toutes ces réflexions vous semblent peut-être superflues. Vous pensez sans doute que vous n'avez pas besoin de vous poser autant de questions et qu'il faut passer à l'action. À mon avis, ces questionnements sont extrêmement importants pour vous permettre d'établir vos vraies priorités. C'est grâce à toutes vos réflexions que vous serez en mesure d'accomplir ensuite les actes nécessaires pour vous créer une existence idéale. Imaginez ceci : vous passez votre vie à faire des efforts et des sacrifices pour vous permettre de monter une à une les marches de la vie vers ce que vous croyez être votre idéal. Trop occupée à gravir les échelons les uns après les autres, vous ne prenez pas le temps de vous arrêter un instant pour réflé-

Ce que vous avez maintenant a d'abord été ce que vous espériez.

chir. Vous arrivez finalement au sommet pour vous rendre compte que vous avez pris le mauvais escalier.

Nulle ne souhaite réaliser à la fin de ses jours qu'elle s'est trompée dans la façon d'avoir mené sa vie. Comme vous le savez, il n'est jamais trop tard pour modifier son existence et vivre sa vie idéale. Vous serez sûrement aussi d'accord avec moi pour dire qu'il vaut mieux le faire dès que possible. Plus vite vous le ferez, plus longtemps vous vivrez encore plus de bonheur.

Pour être capable de prendre les décisions qui vous permettront d'arriver au bonheur, il vous faut avoir une vision claire de ce que vous souhaitez pour votre avenir. Vous devez connaître votre destination avant de prendre la route. Bien sûr, votre vision d'une vie idéale risque de changer avec le temps. Vous allez vivre des expériences, vous prendrez de la maturité et évoluerez. Tous ces changements surviendront toutefois pendant votre cheminement vers votre destination, et non pas une fois arrivée au mauvais endroit. Réfléchir à ce qu'on veut n'est pas une perte de temps ; en fait, cela vous permet d'en gagner plus tard.

Ce sont vos questionnements et vos réflexions d'aujourd'hui qui vous permettront d'être plus en mesure d'imaginer et de décrire votre vision de la vie idéale. Dire que vous voulez être heureuse ne suffit pas. Vous devez savoir décrire ce qui vous rend heureuse. C'est comme former le souhait d'avoir une maison ; ce n'est pas assez précis. Voulez-vous habiter en ville, en banlieue, sur le bord d'un lac ou dans une ferme ? Quel style préférez-vous ? Ancien, champêtre, contemporain ? Vous n'avez peut-être pas de préférence, mais cela aussi, vous devez le savoir. Vous n'êtes pas obligée de décider maintenant de la couleur des rideaux de votre future demeure, mais pour commencer à la chercher, vous devez quand même savoir combien de chambres vous voulez. Pour avoir la chance d'obtenir ce que vous voulez de la vie, vous devez d'abord savoir précisément ce que vous désirez.

Lorsqu'on veut quelque chose, on s'engage généralement dans un processus pour l'obtenir. Pour reprendre l'exemple précédent, si je veux devenir propriétaire d'une maison, il est fort probable que j'ajusterai mon budget pour mettre de l'argent de côté, que je serai plus attentive aux pancartes « À vendre », que je m'informerai sur les prêts hypothécaires, que je contacterai un agent immobilier, etc. Ce sont des démarches que je ne ferais pas si j'ignorais mon désir d'acquérir une maison. Si je ne sais pas ce que je veux, comment est-ce que je pourrais agir dans le sens qui me permettrait de l'obtenir ?

Qui dit que vous ne pouvez pas avoir la vie de vos rêves ?

Laissez aller votre imagination en écoutant les désirs de votre cœur. Imaginez votre vie idéale dans les moindres détails. Ne vous mettez pas de limites. Vous devez trouver au fond de vous-même vos désirs profonds. Choisissez tout ce qui doit faire partie de cette vie idéale. Faites abstraction de toute influence que votre tête pourrait exercer sur l'image que votre cœur s'en fait. Je vous propose aussi d'écrire cette vision de votre vie idéale ; cela vous aidera à clarifier vos idées, vous permettra d'être plus précise, sans compter que vous pourrez la relire régulièrement.

La manière de décrire votre vie idéale est très importante parce qu'elle peut avoir une influence sur votre inconscient. L'image que vous vous faites de votre avenir doit être positive. Il est essentiel de raconter votre vie idéale comme si vous la viviez déjà. Par exemple, ne dites pas : « Je m'occuperai de mes enfants à la maison », mais : « Je m'occupe de mes enfants à la maison. » Il faut s'exprimer en utilisant le temps présent, mais aussi avec appréciation et reconnaissance : « Je suis heureuse et reconnaissante d'occuper un poste de direction. » Il faut également éviter la négation. Ne dites pas : « Je ne suis pas grosse », mais : « J'apprécie mon poids de santé. » Il est nécessaire d'utiliser l'image que vous voulez retenir : « Je ne suis pas malade » ne convient pas ; dites plutôt : « Je suis reconnaissante d'être en bonne santé. » Il faut être très prudente en rédigeant ce genre de texte, parce que notre esprit ne retient que l'image et fait abstraction des autres mots. En disant que vous n'êtes pas malade, vous envoyez donc à votre inconscient une image de maladie plutôt qu'une image de santé.

Assurez-vous d'en arriver à votre propre vision de vie idéale. Afin d'être certaine que vous avez su dépeindre les vrais désirs de votre cœur, vous devez vous demander : « Pourquoi est-ce que je souhaite cela ? Quels seront les avantages et les bénéfices pour moi ? » Il n'est pas toujours facile de trouver les vraies raisons qui guident nos choix. Nous sommes parfois influencées par les autres, par nos croyances, par la société. En vous demandant pourquoi ces éléments sont ce que vous souhaitez, vous réaliserez peut-être que, finalement, ils ne sont pas du tout ce que vous voulez. Votre ambition de devenir architecte est peut-être en fait celle de votre père. Il faut vous demander honnêtement pourquoi vous souhaitez telle image plutôt que telle autre. Vous seule pouvez juger de vos raisons. Vous seule pouvez reconnaître si ce sont des raisons provenant de votre cœur qui motivent vos désirs.

Quand on a un « pourquoi » dans la vie, on peut supporter presque tous les « comment ».

Pour vous aider à décrire tous les détails de votre vie idéale, vous trouverez ici une liste des différents aspects auxquels vous devez penser en décrivant votre vision. Chacun des aspects est expliqué brièvement et suivi d'exemples de questions à vous poser. Cela vous aidera à découvrir vos souhaits profonds par rapport à chacun de ces aspects.

Ma santé

Ma condition physique et ma condition psychologique, y compris tout ce que je fais pour les améliorer et les maintenir dans leur meilleur état, par exemple bien manger, faire de l'exercice, lire.

Qu'est-ce que ça veut dire pour moi être en bonne santé ? Est-ce que j'aime bien manger ? Quel est mon poids idéal ? Comment est mon sommeil idéal ? Mon équilibre, c'est quoi ? Qu'est-ce que ça veut dire pour moi être active ?

Mes relations

Toutes les interactions que j'ai avec les gens qui m'entourent (mon conjoint, mes enfants, ma famille, mes amis, mes voisins, mes collègues, mon médecin, la caissière).

Quelle est pour moi la relation idéale avec mon amoureux ? C'est quoi, pour moi, la vie de famille ? Comment s'exprime mon appréciation des autres ? C'est quoi, pour moi, l'amour ? Quelle importance a pour moi l'amitié ? De combien d'amies proches ai-je besoin ? Qui sont les gens que j'aime le plus ?

Mon travail

Mon occupation principale (à la maison ou à l'extérieur), mais aussi l'ensemble de ma carrière, y compris ma formation, mes responsabilités et mes ambitions.

Qu'est-ce que ça veut dire pour moi, travailler ? Comment est-ce que je conçois le travail à la maison ? Comment est-ce que je perçois le travail à l'extérieur ? Quelle est l'importance de ma carrière à mes yeux ? Quelles sont mes ambitions ? Quelles sont les tâches qui me satisfont le plus ? Qu'est-ce que je déteste faire ? Dans quel domaine est-ce que je me sens utile et appréciée ?

Mes finances et mes affaires

Mon budget, mes revenus et mes dépenses, la façon de gérer mes avoirs et mes dettes (épargne, investissements, assurances), mes contrats importants (testament, contrat de mariage ou de PACS).

Quelle importance a l'argent, pour moi ? Qu'est-ce que cela veut dire pour moi, épargner ? Qu'est-ce que cela signifie pour moi, investir ? Quelles sont mes habitudes de consommation ? Quel montant d'argent est annuellement nécessaire pour répondre à mes besoins ? Suis-je bien protégée ?

Ma contribution

Mon apport à la société, sous toutes ses formes : don en argent, en matériel, en temps ou en connaissances.

Qu'est-ce que cela veut dire pour moi, aider son prochain ? Qu'est-ce que cela signifie pour moi, faire sa part ? Est-ce que cela me fait plaisir d'aider les autres ? Comment puis-je contribuer à la société ?

Ma vie personnelle

Ce que je fais pour moi, pour me faire plaisir et qui m'apporte de la satisfaction personnelle, tels mes passe-temps et mes loisirs.

Qu'est-ce que cela signifie à mes yeux de prendre du temps pour moi ? Qu'est-ce que c'est pour moi, un loisir ?

De combien de temps pour moi ai-je besoin ? Quelles activités m'apportent du bonheur et de la satisfaction ?

Ma spiritualité

Mes croyances, qu'elles soient de nature religieuse, philosophique ou psychologique, ainsi que ma façon de pratiquer ou non ma spiritualité (prière, lecture, chant, réflexion, méditation).

À quoi est-ce que je crois ? À quoi est-ce que je ne crois pas ? Est-ce que j'ai besoin de l'exprimer ? Est-ce nécessaire, pour moi, de partager mes croyances avec d'autres ?

Mes autres aspirations

Tout ce que j'aimerais accomplir, qui ne fait pas partie des autres catégories. Tous les objectifs et les rêves que je souhaite réaliser dans ma vie.

Réflexions écrites

Ma vie idéale

Pour vous aider à découvrir de quoi est faite votre vie idéale, écrivez un texte qui la décrit dans ses moindres détails et selon les différents aspects de votre vie. Ne vous censurez pas. Il s'agit ici d'exprimer vos rêves et vos désirs les plus profonds. Vous pourrez relire ce texte régulièrement et même y apporter des changements au cours de votre évolution.

CHAPITRE 6

En route vers le bonheur

Les gens heureux prennent leur bonheur au sérieux.

Choisir son chemin

Quand le cheval est mort, on va plus loin si on en descend.

Si l'on veut être encore plus heureuse dans la vie, c'est qu'il y a des choses qu'on ne fait pas encore ou qu'on ne fait pas de la bonne façon. Dans le cas contraire, on serait déjà encore plus heureuse ! Vous serez donc d'accord avec moi pour dire que la seule façon de changer les résultats obtenus dans n'importe quel aspect de notre vie est de faire les choses différemment.

Pour aspirer à plus de bonheur, il faut d'abord être prête à faire des changements dans sa vie. Entre autres, il faut accepter que certaines habitudes doivent être éliminées, que certaines façons de penser nécessitent d'évoluer, que notre planning puisse être modifié, etc. Rassurez-vous, rien ne vous sera imposé. Vous êtes la seule qui peut décider de changer quoi que ce soit dans votre vie. Cependant, n'oubliez pas que vos décisions ont toutes un impact sur votre existence.

Puisque notre bonheur est aussi unique que nous, notre route pour l'atteindre le sera tout autant. Il est impossible d'utiliser le parcours d'une autre pour être heureuse. Chacune doit tracer sa propre destinée. À la suite de la lecture des chapitres précédents, vous avez réfléchi à vos envies profondes, aux désirs de votre cœur et à votre vie idéale. Vous avez certainement une idée juste de ce que vous devriez privilégier dans votre vie pour être encore plus heureuse.

Le bonheur passe par l'action positive, par la définition et la réalisation de vos buts.

Vous connaissez donc votre destination. Vous avez en tête les objectifs que vous souhaitez atteindre dans les différents aspects de votre vie pour y ajouter du bonheur. Vous désirez peut-être passer plus de temps avec vos enfants, vous aimeriez suivre des cours de chant, vous convoitez un nouveau poste, vous voulez commencer à faire du vélo, peu importe votre but, vous devez agir.

À vous de mettre en place votre stratégie unique vers votre bonheur. Personne d'autre ne peut le faire à votre place. Pour obtenir ce que vous voulez dans la vie, vous devez agir vous-même. N'attendez pas que les autres le fassent à votre place, ils ne le peuvent pas. Si, par exemple, vous voulez perdre du poids, même si pour vous aider je faisais du sport tous les jours et m'alimentais bien, cela ne vous ferait pas perdre un seul gramme. C'est vous qui devez prendre ces mesures pour atteindre votre but. Vous devez faire vous-même les gestes qui vous rapprocheront de votre vie idéale. Il sera certainement nécessaire de demander de l'aide en cours de route ; c'est votre responsabilité de la demander.

Pour atteindre notre idéal, il faut toujours faire des ajustements dans notre vie, comme donner la priorité à ce qui est important pour nous, être plus attentive aux gens que nous aimons, prendre plus de temps pour nous. Il est parfois nécessaire d'entreprendre de grands changements, comme reprendre des études, mettre en place un nouveau budget, modifier son mode de vie, etc.

Une fois qu'un objectif est bien établi en fonction de votre vie idéale, mettre en place un plan d'action détaillé est l'une des premières mesures à prendre. C'est l'un des gestes les plus importants pour être sûr d'atteindre n'importe quel but. Pour tout objectif, il faut déterminer une à une les étapes à franchir pour se rapprocher de celui-ci et finalement l'atteindre. Une visée ambitieuse peut paraître intimidante et hors d'atteinte à première vue. En pensant à tout ce qu'il y a à faire pour y arriver, on peut facilement se décourager et croire qu'elle est impossible à réaliser.

Pour contrer cette illusion d'inaccessibilité, on peut subdiviser l'objectif de départ en étapes simples et faciles à accomplir. En évaluant ensuite ces étapes intermédiaires une à une, on réalise que chacune d'elles est en fait à notre portée. C'est donc l'accomplissement de toutes ces petites actions accessibles qui fait qu'on atteint finalement son but.

Développer un plan d'action avant d'entreprendre un cheminement vers un but précis comporte de nombreux autres avantages. Ce plan sert, entre autres, de guide ; il détermine où commencer, il indique la voie à suivre et nous aide à situer nos progrès dans le temps par rapport à l'objectif ultime. Il permet de réfléchir calmement aux besoins auxquels il sera nécessaire de répondre plus tard (nourrice, formation, conseils, équipement, argent). Il aide aussi à entrevoir les difficultés possibles et à trouver à l'avance les solutions pour y faire face ou les contourner.

Aucune tâche n'est trop difficile à réaliser : c'est l'idée qu'on s'en fait qui la rend difficile.

Un plan d'action ne doit pas être trop rigide. Il doit être flexible pour que vous puissiez vous adapter aux changements de situations. Il doit aussi évoluer au même rythme que vous dans votre cheminement vers votre objectif. Pour les projets complexes, il est préférable que le plan soit écrit pour faciliter sa compréhension et son suivi. Cependant, pour les projets plus simples, il peut être tout aussi adéquat d'utiliser la planification mentale.

Généralement, on ne connaît pas, avant de commencer, toutes les étapes à suivre pour atteindre un objectif donné. Se renseigner ou faire des recherches sera alors la première étape du plan d'action. De nos jours, il y a presque toujours quelqu'un qui a déjà réussi ce qu'on veut accomplir. Si on est la première à vouloir réaliser quelque chose de tout à fait nouveau, il y a quand même des gens qui sont passés par des étapes semblables pour atteindre leur propre objectif. Qu'on veuille gravir l'Everest ou organiser une fête d'enfants, il y a quelqu'un quelque part qui peut partager son expérience avec nous. Il y a des gens, des livres, Internet, des associations, etc., qui peuvent servir de guides dans l'élaboration d'un plan d'action pour réaliser tous les objectifs imaginables.

Prenons mon exemple, avec l'écriture de ce livre. Je n'ai jamais écrit de livre et je ne savais pas, avant de commencer, ce que cela impliquait. Tout ce que je savais, c'est que je voulais écrire un livre qui déterminerait les mères de famille à être plus heureuses. N'avoir en tête que cet objectif global me dépassait un peu et me faisait sentir bien petite devant ce grand défi. J'ai alors bâti mon plan d'action. J'ai déterminé les étapes principales vers mon objectif. Ensuite, j'en ai dégagé les sous-étapes, que j'ai subdivisées jusqu'à ce qu'elles deviennent des phases simples et faciles à effectuer. Une à une, j'ai accompli des étapes claires qui toutes ensemble m'ont permis d'écrire le livre que vous lisez maintenant. Pour vous démontrer cela, voici un résumé des premières étapes de mon plan d'action.

Objectif : Écrire un livre qui aide les mères de famille à être plus heureuses.

1. Recherche sur mon sujet :
   1. 1. préparer un dossier pour toutes mes notes et mes idées,
   1. 2. faire un remue-méninges de toutes mes pensées,
   1. 3. compulser mes revues, livres et autres documentations relatives au sujet,
   1. 4. naviguer sur Internet à la recherche d'informations additionnelles,
   1. 5. compiler mes résultats,
   1. 6. préparer une liste de questions pour interviewer des mères de famille,
   1. 7. dresser la liste des mères à qui je veux poser mes questions,
   1. 8. demander la collaboration de ces mères et prendre rendez-vous,
   1. 9. rencontrer les mères qui ont accepté de collaborer avec moi,
   1. 10. faire la liste des éléments qui reviennent le plus souvent.

2. Établir le contenu :
   2. 1. choisir les sujets qui m'intéressent le plus et avec lesquels je suis le plus à l'aise,
   2. 2. déterminer la structure du livre,
   2. 3. déterminer les sujets de chaque chapitre et partie.

3. Écriture :
   3. 1. écrire une page à la fois.

Vous voyez de quelle façon mon plan m'a permis de voir mon projet comme une série de petites étapes simples à franchir les unes après les autres. C'est beaucoup moins intimidant d'entreprendre une chose à la fois sans trop se soucier de toutes les autres à venir. J'ai même subdivisé encore davantage certaines des étapes décrites plus haut. Par exemple, avant de pouvoir parler à certaines mères, j'ai d'abord dû trouver leurs coordonnées. L'écriture d'un livre est un projet ambitieux, mais préparer des questions ou dresser une liste de mères était beaucoup plus facile pour moi.

On peut appliquer ce même processus pour planifier la réalisation de tous nos objectifs. Selon l'ampleur de ceux-ci, le plan d'action peut être plus ou moins complexe. Qu'il s'agisse de réorienter sa carrière ou de choisir un camp de vacances, l'élaboration d'un plan d'action facilite grandement la réussite de notre objectif final. Voici un autre exemple, plus simple.

Objectif : Organiser la fête d'anniversaire d'Antoine.

1. Invitations
   1. 1. dresser la liste des invités,
   1. 2. inviter chaque personne par téléphone.

2. Repas :
   2. 1. établir le menu,
   2. 2. faire la liste des courses,
   2. 3. commander le gâteau,
   2. 4. planifier la préparation des plats.

3. Décor :
   3. 1. choisir un thème,
   3. 2. sélectionner et acheter les décorations,
   3. 3. planifier l'installation des décorations.

4. Cadeau :
   4. 1. choisir le cadeau,
   4. 2. acheter le cadeau, une carte et le papier d'emballage,
   4. 3. emballer le cadeau et remplir la carte.

Votre plan d'action doit donc être votre allié en vous aidant à accomplir ce qui, à première vue, peut vous sembler laborieux. Quand vous le regardez, peu importe l'ampleur de votre objectif initial, vous devez avoir la conviction d'être capable d'accomplir chacune des tâches que votre plan d'action implique, jusqu'à l'atteinte de votre objectif ultime. Si, toutefois, certaines d'entre elles vous sont inaccessibles pour quelque raison que ce soit, il faut les subdiviser davantage. Ajoutez des étapes qui vous apporteront l'expertise ou l'assistance extérieure nécessaire à la poursuite de votre cheminement vers votre but.

Si vous ne le saviez pas déjà, vous comprenez maintenant que vous pouvez tout accomplir. Rien n'est hors de votre portée. Vous pouvez réaliser tout ce dont vous avez envie... une étape à la fois !

Passer à l'action

On gagne en bonheur lorsqu'on trouve le courage de changer ce qui doit l'être.

On peut rêver de la vie idéale, avoir des idées géniales, créer des concepts inédits et imaginer les plus beaux projets. On peut planifier et organiser une stratégie complète dans un plan d'action bien détaillé. Cependant, il est possible que ce plan se révèle, pour finir, totalement inefficace. En effet, un plan d'action ne sert à rien du tout si personne ne le met en application. Si personne ne passe à l'action, sa production n'aura été qu'une perte de temps.

> Décider de commencer quelque chose, cela peut être le début de grandes choses.

La seule façon de rendre un plan d'action efficace, c'est d'agir. Que vous souhaitiez obtenir une promotion, rester en bonne forme physique, faire du bénévolat, avoir des enfants obéissants, organiser votre cuisine, partir en voyage, gagner une compétition, rien ne tombera du ciel. Tous ceux qui ont du succès l'ont compris depuis longtemps : on doit passer à l'action pour atteindre ses buts.

Pour toutes sortes de raisons, prendre la décision de passer à l'action peut être ardu. C'est souvent la peur qui nous fait hésiter. Peur de se tromper, peur qu'on nous oppose un refus, peur de ce que diront les autres et, à la limite, peur d'avoir peur ! En fait, peu importent nos craintes, elles sont rarement fondées. Effectivement, la plupart de nos peurs viennent de nous. Nous les créons nous-même. Nous laissons notre imagination gambader et inventer toutes sortes de choses que nous finissons par croire.

Pour ne pas me laisser distraire par mon imagination négative, un des meilleurs conseils que j'aie jamais reçus a été : « Agis, ta confiance va grandir dans l'action. » Je peux vous dire par expérience que c'est tout à fait vrai. Quand on agit et qu'on se concentre sur ce qu'on fait, on n'a pas le temps de douter et d'avoir peur. Une fois la première tâche accomplie, on s'aperçoit que ce n'était pas si difficile. On réalise qu'on a réussi à l'effectuer, et cela nous procure automatiquement un sentiment de fierté. On devient enthousiaste à l'idée d'attaquer la deuxième tâche sur notre liste, et ainsi de suite. Notre confiance et notre fierté grandissent quand nous agissons !

Il faut donc se forcer à agir. Il est inutile d'attendre le bon moment parce qu'il n'y en a pas de meilleur que maintenant. On se trouve parfois des obstacles sans valeur réelle pour ne pas faire ce qu'on devrait. On se dit : « Je vais le faire demain ou la semaine prochaine, je vais commencer le 1er janvier prochain, je vais attendre la fin des classes, je vais débuter après mes vacances, etc. » C'est plus fort que nous, on tombe toutes dans ce travers à un moment ou à un autre. À reporter trop souvent ce qu'on doit faire, on perd un temps fou qui serait bien plus productif si on l'employait à travailler sur la poursuite de nos objectifs.

Notre vie est faite de nos actes.

Simplement vous dire que vous allez vous y mettre et avoir de bonnes intentions ne vous apportera rien. Si vous restez assise les bras croisés à ne rien faire, vous risquez de vous décourager et de vous mettre à douter de vos capacités. Vous prenez alors le risque de ne jamais agir. Il faut être dans l'action pour réaliser tout ce dont on est capable. Chaque action accomplie vous prouvera que vous pouvez faire plus que ce que vous croyiez. Vous découvrirez alors que les défis qui vous semblaient impossibles à relever sont maintenant à votre portée.

Pour avoir confiance en vos propres moyens, commencez par modifier des choses simples de votre quotidien, des éléments sur lesquels vous verrez facilement l'impact de vos nouvelles actions. Ce sera encourageant de voir rapidement des résultats. Vous aurez alors envie d'entreprendre autre chose ensuite.

Par exemple, pour une personne qui ne sourit pas, s'habituer à le faire sera au début un exercice exigeant. Elle aura besoin d'appliquer à la lettre son plan d'action tous les jours. Celui-ci pourrait entre autres recommander la lecture de pensées positives ou de petites blagues, de placer un miroir sur son bureau, de coller dans son agenda, dans sa voiture et dans son étui à lunettes des autocollants de visages souriants. Au fur et à mesure qu'elle obtiendra des résultats, comme un sourire en retour, une salutation ou simplement se sentir bien, cette personne sera encouragée à poursuivre ses efforts. Sa nouvelle habitude s'installera tranquillement et elle n'aura plus besoin d'y penser pour être souriante. Réussir à sourire davantage deviendra alors pour elle la preuve qu'elle peut parvenir à accomplir quelque chose de nouveau. Cela contribuera à augmenter sa confiance en ses capacités à réussir.

La prochaine fois que vous verrez la porte du bonheur se fermer devant vous, rappelez-vous qu'elle le fait pour que vous puissiez en ouvrir une autre.

Il y a parfois des moments où il est impossible d'avancer vers la réalisation d'un projet. La formation que vous vouliez suivre ne se donne que dans six mois, le matériel qui vous est nécessaire est en rupture de stock, votre fils est à l'hôpital, votre voiture est au garage pour une semaine. Quelle que soit la raison qui vous empêche d'avancer, cela ne veut surtout pas dire de ne rien faire. En y réfléchissant bien, il est certainement possible d'aller à droite ou à gauche. Il ne faut pas se laisser arrêter par les imprévus. Utilisez votre plan d'action pour vous guider. Si nécessaire, modifiez-le en fonction des nouvelles réalités auxquelles vous êtes confrontée. L'important, c'est d'agir et de continuer de progresser.

N'attendez pas, accomplissez tout de suite la prochaine tâche qui vous rapprochera de votre vie idéale. Faites le prochain geste. Que ce soit surfer sur Internet, poser des questions, lire un livre, prendre rendez-vous, demander conseil, chercher de l'aide, faites-le !

Un bonheur à la fois

N'essayez pas toujours de faire des pas de géant alors que le reste de l'humanité se satisfait pleinement de chacun de vos petits pas.

Au début de notre cheminement vers plus de bonheur, notre esprit s'ouvre à de nouvelles possibilités. On prend conscience de tout ce qui pourrait nous rendre encore plus heureuse. On entrevoit la possibilité de se libérer de ce qui nous déplaît et le potentiel d'améliorer encore plus ce qui nous convient déjà. On veut ce qu'il y a de mieux et on réalise qu'il est possible de l'avoir. On devient si enthousiaste qu'on aurait envie de tout entreprendre en même temps.

Il faut prendre garde à cet emballement. Oui, il faut agir et passer à l'action, mais passer à l'action ne signifie pas tout faire simultanément et s'éparpiller comme une poule affolée. Les objectifs qu'on se fixe en plus pour ajouter de nouveaux bonheurs à notre vie ne doivent pas interférer avec ceux qu'on a déjà. Ils doivent venir les compléter. C'est pourquoi il est primordial de ne pas tout entreprendre en même temps. Il faut savoir déterminer des priorités dans ses objectifs et les établir en fonction de son rythme de vie et de ses capacités.

Le mouvement c'est le mouvement, l'action c'est l'action. Ne les confondez jamais.

Il faut voir le temps qu'on consacre à bien faire chaque chose comme un investissement et non comme une perte de temps. S'appliquer et ne pas sauter d'étape a des chances de nous faire gagner du temps plus tard. C'est lorsqu'on veut aller trop vite qu'on oublie ou néglige les détails les plus importants. Précipiter l'obtention de résultats peut aussi mettre en péril le succès même de notre projet. Peu importe notre rythme, nous devons le respecter. L'essentiel est de ne pas s'éparpiller et de ne pas s'arrêter non plus.

Pendant votre parcours vers votre vie idéale, vous aurez des surprises. Certaines étapes seront plus longues que ce que vous aviez prévu initialement. Il vous faudra peut-être ajouter des étapes à votre plan d'action. À l'inverse, il est aussi possible que d'autres étapes se déroulent plutôt bien et prennent moins de temps que ce que vous aviez prévu. Ce n'est pas grave de ne pas suivre le plan à la lettre et de ne pas évoluer aussi rapidement qu'on le voudrait, l'important est d'avancer vers votre objectif.

Les jours gris, ne passez pas votre temps à guetter le ciel bleu. Voyez plutôt la beauté des nuages.

N'oubliez pas qu'il n'y a pas que la destination qui compte ; le voyage aussi doit être plaisant. Prenez le temps de profiter de chacune des étapes qui vous mèneront vers votre but. Assurez-vous de voir et de savourer tous les bonheurs que vous rencontrerez en cours de route. N'attendez pas la fin du voyage pour faire la fête, réjouissez-vous de tous les petits et grands succès que vous vivrez sur votre chemin.

Entretenir sa motivation

C'est quand vous avez le plus envie d'abandonner que vous êtes le plus près du but.

C'est pratiquement inévitable, sur la route qui nous mène à notre vie idéale tout comme dans la vie en général, nous devons faire face à des obstacles. Ils font partie des apprentissages que nous avons à faire et des leçons inévitables que nous avons à connaître au cours de notre existence. Ils servent à nous tester, à nous faire repousser nos limites, à nous dépasser, bref, à apprendre à être meilleure. C'est la façon dont on choisit de faire face aux obstacles qui influence le plus l'obtention ou non de notre succès.

Les obstacles qu'on croise peuvent prendre toutes sortes de formes selon les circonstances. Ils peuvent par exemple être des jugements, des critiques ou du rejet venant de la part des autres. Ils peuvent se manifester comme un manque de ressources, de temps, d'argent ou de connaissances. Ils peuvent aussi se manifester par des événements extérieurs hors de notre contrôle, comme une récession, une tornade ou une décision gouvernementale. Mais ces obstacles peuvent aussi venir de nous-même. On connaît toutes à un instant ou à un autre de notre vie des moments moroses, des périodes où l'on se sent démotivée, où l'on doute de ses capacités et où l'éner-

Il est aussi important de suivre vos rêves quand tout va mal que quand tout va bien.

gie nous manque. Cela se produit souvent à la suite d'une déception. Par exemple, si les résultats tardent à venir, si les efforts ne portent pas leurs fruits aussi rapidement que voulu, si l'on n'obtient pas le soutien désiré. On risque alors de se décourager.

La solution pour éviter le découragement : entretenir sa propre motivation tous les jours. Voilà le secret pour ne pas se laisser arrêter par les obstacles. Il y a des multitudes de façons d'entretenir sa motivation. Voici celles que je préfère.

Tout d'abord, trouvez-vous une ou des inspirations. Admirez des personnes pour ce qu'elles sont et pour leurs réalisations. Celles-ci deviendront pour vous la preuve vivante qu'on peut faire tout ce qu'on veut. Que ce soit Céline Dion, Oprah Winfrey ou une tante, prenez quelqu'un comme modèle de succès. Inspirez-vous de ses accomplissements pour vous encourager à poursuivre et à atteindre vos buts.

Ayez en tête les objectifs de votre vie idéale et relisez-les régulièrement. Que ce soit le matin en vous levant, le soir avant de vous endormir ou à n'importe quel autre moment, vous devez les relire fréquemment et les garder à l'esprit. Vous devez vous assurer de rester concentrée sur ce que vous voulez vraiment.

On dit que celui qui n'abandonne pas est celui qui gagne.

Concentrez-vous sur votre pourquoi. Il y a toujours une raison pour laquelle nous nous fixons un objectif précis. Souvent, notre plus grande motivation viendra de ce pourquoi. Plus notre pourquoi est important pour nous, plus ce sera important d'atteindre notre but.

Voyez ce que vous désirez. Ayez une image mentale bien précise de ce que vous souhaitez. Pour vous aider, découpez des images ou des photos que vous afficherez sur le frigo ou votre tableau d'affichage.

Rédigez un texte décrivant avec le plus de détails possible votre vision de ce que vous voulez. Relisez-le souvent afin d'être capable d'imaginer avec une grande précision vos désirs.

Relisez aussi régulièrement votre engagement personnel à être heureuse. Cela vous encouragera à poursuivre vos efforts et vous aidera à mettre l'accent sur la réalisation de votre bonheur.

Tout le monde peut avoir son opinion sur vous, mais ne le prenez pas à cœur : ce qui compte, c'est votre opinion sur vous.

Utilisez votre plan d'action comme un outil de motivation. Au lieu de cocher, indiquez le mot VICTOIRE à côté d'une tâche accomplie. Soyez fière de vous en voyant tout ce que vous avez déjà réussi à faire.

Rappelez-vous vos succès passés. Petites ou grandes, vous avez déjà accompli des choses. Notez-les dans un cahier et relisez vos exploits régulièrement. Cela vous permettra de garder confiance en vos moyens.

Ayez dans votre entourage une personne qui croit en votre succès, quelqu'un digne de confiance et enthousiaste envers vous et envers vos projets. Elle saura vous encourager dans les moments difficiles et célébrer vos réussites avec vous.

Utilisez les ressources qui vous entourent. Il y a des gens, des livres, des conférences, des ateliers qui peuvent vous aider à atteindre vos objectifs. Vous pouvez, par exemple, visiter mon site Internet à cette adresse : www.quelbonheur.ca.

Ayez un mentor, quelqu'un que vous aurez soigneusement choisi pour vous guider et vous conseiller.

Devenez votre admiratrice numéro un. Parlez-vous et encouragez-vous. Soyez votre propre M. Loyal.

Complimentez-vous et félicitez-vous lorsque vous réussissez quelque chose.

Croyez en votre bonheur. Ayez la conviction au fond de votre cœur que vous pouvez avoir la vie idéale dont vous rêvez.

Mot de la fin

Décider ce qui est important pour vous,
voilà ce qu'est la vie humaine.

Voilà, la balle est dans votre camp. Je vous ai dévoilé dans ces pages des secrets de mamans pour être encore plus heureuse. C'est à vous maintenant d'utiliser tout ce que je vous ai rappelé ou appris pour faire de votre existence votre vie idéale.

Souvenez-vous que votre bonheur commence avec vous. Vous êtes la seule personne qui puisse vous rendre heureuse. Tout d'abord, aimez-vous et respectez-vous. Soyez attentive à votre vie et à tout ce qui s'y trouve en étant positive, reconnaissante et en vivant le moment présent. Choisissez de croire en vous et efforcez-vous d'ajouter de la joie à toutes vos journées. Apprenez à dire non et évitez d'être négative en vous plaignant, en jalousant les autres ou en vous disputant avec eux. Et, de grâce, laissez la culpabilité à ceux qui ont commis de vrais délits.

C'est aussi votre responsabilité de vous faciliter la vie au quotidien. Remarquez vos habitudes et demandez-vous ce que vous pourriez faire différemment de manière à avoir plus de temps pour ce qui est vraiment important, comme prendre du temps pour vous, votre couple, vos enfants, vos amis, votre travail et votre santé. Inventez vos propres « Trucs de mamans » pour répondre à votre réalité à vous.

N'oubliez pas non plus de demander de l'aide aussitôt que le besoin se fait sentir.

Afin de privilégier ce qui est vraiment important pour vous, vous devez vous questionner et écouter les réponses de votre cœur. Selon vos réflexions, vous pourrez découvrir de quoi se compose votre vie idéale. En sachant ce que vous attendez de l'existence, il vous sera plus facile d'établir le plan à suivre pour l'obtenir. Une fois votre plan bien défini, vous pourrez passer à l'action, un bonheur à la fois, et pour vous assurer le succès, n'oubliez pas d'entretenir constamment votre motivation.

Pensez heureux. Agissez heureux. Soyez heureuse.

J'espère avoir su, au long de ces pages, vous convaincre du pouvoir que vous avez sur votre propre existence. Je souhaite avoir réussi à vous transmettre l'envie de participer de manière active à votre bonheur pour créer votre vie idéale, j'espère vous avoir encouragée à bâtir votre propre bonheur afin d'être le plus heureuse possible ; voilà le désir profond qui m'a habitée en écrivant ce texte.

Chacun de nous est l'auteur de son histoire, dont une nouvelle page est à écrire chaque jour.

Je vous remercie d'avoir choisi de lire mon livre. Je me sens très privilégiée que mon ouvrage ait fait partie de vos choix de lecture. J'espère de tout cœur que vous avez eu autant de plaisir à le lire que j'en ai eu à l'écrire.

Osez être heureuse !

Je vous souhaite la santé, la paix et l'amour.

Soyez heureuse !

Si, jour après jour, je m'efforce de vivre une belle journée et de la remplir de bonheur, à la fin de ma vie je pourrai dire que j'ai été heureuse !

Table

DEUXIÈME PARTIE
Se créer un quotidien heureux

TROISIÈME PARTIE
Trouver son bonheur

Vous aimeriez assister à l'une de mes conférences
ou participer à un de mes ateliers ?
Vous avez des commentaires ou des suggestions à me faire ?
Vous avez envie de partager avec moi votre histoire
de bonheur ou vos trucs pour être encore plus heureuse
tous les jours ?
Je serai enchantée de vous lire.
Vous pouvez m'écrire en visitant mon site Internet :
www.quelbonheur.ca
ou, par la poste, à :
Quel Bonheur
C.P. 4004
Pont-Rouge (Québec)
G3H 3R4
Au plaisir de vous lire à mon tour !
Annie

Composition réalisée par DATAGRAFIX

Achevé d'imprimer en avril 2012, en France sur Presse Offset par
Maury-Imprimeur – 45330 Malesherbes
N° d'imprimeur : 172371
Dépôt légal 1re publication : mai 2012
LIBRAIRIE GÉNÉRALE FRANÇAISE
31, rue de Fleurus – 75278 Paris Cedex 06